MW01601746

Copaternidad efectiva o crianza paralela con un narcisista: Establecer límites, eliminar conflictos, protegerse a uno mismo y criar niños emocionalmente seguros

Copyright © 2024 Claire Brown. Reservados todos los derechos.

El contenido de este libro no puede ser reproducido, duplicado ni transmitido sin el permiso directo por escrito de la autora o del editor.

Bajo ninguna circunstancia se responsabilizará al editor ni a la autora por cualquier daño, reparación o pérdida monetaria derivada de la información contenida en este libro, ya sea de manera directa o indirecta. Eres responsable de tus propias decisiones, acciones y resultados.

Aviso Legal:

Este libro está protegido por derechos de autor y es sólo para uso personal. No puedes modificar, distribuir, vender, utilizar, citar o parafrasear ninguna parte o el contenido de este libro sin el consentimiento de la autora o del editor.

Descargo de responsabilidad:

Ten en cuenta que la información contenida en este documento tiene fines educativos y de entretenimiento únicamente. Se han realizado todos los esfuerzos posibles para presentar información precisa, actualizada, confiable y completa. No se declaran ni se ofrecen garantías de ningún tipo. Los lectores reconocen que la autora no se dedica a brindar asesoramiento legal, financiero, médico o profesional. El contenido de este libro proviene de varias fuentes. Consulta con un profesional autorizado antes de intentar cualquier técnica descrita en este libro.

Al leer este documento, el lector acepta que bajo ninguna circunstancia la autora será responsable por cualquier pérdida, directa o indirecta, que pueda resultar del uso de la información contenida en este documento, incluidos, entre otros, errores, omisiones o inexactitudes.

Contents

Prefacio

✳ ** Reconocemos, honramos y respetamos que las familias se conforman de diversas maneras y que no todos los padres han pasado por un matrimonio o divorcio. En este libro, a fin de simplificar las diversas situaciones parentales, utilizaremos los términos "divorcio" y "ex" para referirnos a situaciones en las que los hijos son criados por padres que viven en hogares separados.***

Introducción

E l momento de claridad llegó durante otro acalorado intercambio, no muy diferente a muchos otros anteriores. Pero esta vez, en medio de la frustración y la desesperación, hubo una profunda revelación: los consejos y estrategias tradicionales para la coparentalidad eran inadecuados para manejar los desafíos únicos de lidiar con un ex narcisista. Esta epifanía no solo marcó un punto de inflexión personal; fue el inicio de un camino hacia una mejor solución, una que siempre mantenga el bienestar de los niños como prioridad. En los últimos años, las complejidades de la crianza compartida, o paralela, con una expareja narcisista se han convertido en una preocupación cada vez más urgente para muchos padres. Este viaje está plagado de desafíos emocionales y prácticos, intensificados por la dinámica única de tratar con un narcisista. A pesar de la creciente necesidad de orientación, sigue existiendo una marcada falta de recursos integrales dedicados a abordar tanto la agitación emocional, como las medidas prácticas necesarias para minimizar los conflictos y fomentar un entorno enriquecedor para los niños. Este libro pretende llenar ese vacío, ofreciendo un salvavidas a quienes se sienten abrumados y desamparados.

La tesis central de este libro es que la crianza compartida o paralela exitosa con un ex narcisista no solo es posible, sino que puede ser un camino hacia el crecimiento personal y una dinámica familiar más saludable. Se basa en una profunda comprensión de los comportamientos narcisistas, la implementación estratégica de límites y la selección del estilo de crianza más apropiado y adaptado a las circunstancias individuales.

Mi viaje a través el mundo de la coparentalidad con mi ex narcisista no fue sencillo ni fácil. Recuerdo la confusión inicial, el miedo, la preocupación, las constantes dudas y la abrumadora sensación de aislamiento. Fue un período marcado por el ensayo y error, en el que cada paso adelante parecía ir acompañado de al menos dos pasos hacia atrás.

Sin embargo, a través de un esfuerzo persistente y un compromiso para comprender la dinámica subyacente en juego, descubrí estrategias efectivas para manejar la relación con mi expareja y garantizar el bienestar de nuestros hijos. Es este viaje, desde la disfunción hacia la claridad, el que deseo compartir con ustedes, ofreciendo no sólo consejos sino también un reflejo de experiencias compartidas.

Este libro está estructurado para guiarte a través de las complejidades de criar hijos con un narcisista, explicando las opciones de la crianza compartida y paralela, y detallando estrategias prácticas para la resolución de conflictos. Aborda las estructuras de apoyo legal y emocional que pueden ayudar en este proceso, ofreciendo consejos prácticos y conocimientos de expertos. Lo que distingue a este libro es su enfoque integral, que no solo aborda los fundamentos teóricos del narcisismo, sino que también proporciona una guía práctica para gestionar los desafíos diarios que este presenta en escenarios de coparentalidad.

A los padres dedicados que han elegido este libro, buscando proteger a sus hijos de las consecuencias de una relación con un ex narcisista y encontrar un camino hacia la sanación, este libro es para ustedes. Reconoce las dificultades que enfrentan y afirma que con el conocimiento, las herramientas y la confianza adecuados, afrontar la crianza compartida con un ex narcisista puede conducir a una dinámica familiar más saludable y feliz.

Permite que este libro sea tu recurso. Úsalo para interactuar profundamente con su contenido, aplicar las estrategias que describe y unirte a una comunidad de personas que comparten tus mismos desafíos y aspiraciones. Puedes superar las limitaciones de tus relaciones pasadas para crear un ambiente positivo y enriquecedor para tus hijos.

Gracias por depositar tu confianza en este libro. Tu valentía al buscar soluciones y tu compromiso para mejorar la vida de tu familia es admirable. Con la ayuda de este libro, aprenderás las técnicas y estrategias necesarias para criar niños mentalmente sanos y felices y podrás seguir adelante con tu propia vida con renovadas fuerzas y optimismo.

Capítulo 1

Entendiendo al narcisista

C riar hijos es difícil; criar hijos con un ex con el que se tiene una relación amistosa es manejable; criar hijos con un ex con el que tienes conflictos es complicado, pero criar hijos con un narcisista es otro nivel. Criar hijos con un ex narcisista exige una capa adicional de protección tanto para ti como para los niños. Comprender los comportamientos característicos del narcisismo y su impacto en la dinámica de coparentalidad es fundamental; es indispensable para mantener tu rumbo y salvaguardar la salud emocional de tus hijos.

Identificación de comportamientos narcisistas y su impacto en la crianza compartida

Los comportamientos narcisistas, caracterizados por la falta de empatía, una necesidad de admiración y un sentido de derecho, pueden perturbar significativamente el esfuerzo cooperativo y armonioso requerido en la coparentalidad. Estos comportamientos a menudo se manifiestan afectando directamente la dinámica de la crianza, por lo que es imperativo reconocerlos y abordarlos de manera efectiva.

En el núcleo de los comportamientos narcisistas está la incapacidad o la falta de voluntad para reconocer y validar los sentimientos y necesidades de los demás, incluidos los de los propios hijos. Esta falta fundamental de empatía a menudo conduce a situaciones en las que el padre narcisista prioriza sus deseos sobre el bienestar de sus hijos, viéndolos más como extensiones de sí mismo que como individuos independientes con necesidades propias.

Por ejemplo, considera las decisiones sobre actividades extracurriculares para los niños. Una expareja narcisista podría insistir en seleccionar actividades con las que se sienta identificado/a o que le gusten a él o ella, sin tener en cuenta los intereses de los niños o la practicidad del horario del padre que tiene la custodia principal. Esto puede generar conflictos que no solo giran en torno a las actividades en sí, sino que subrayan un problema más profundo: la incapacidad del padre narcisista para considerar y priorizar las preferencias de los niños y las necesidades logísticas de la unidad familiar.

La necesidad de admiración y validación, otro sello distintivo del comportamiento narcisista, a menudo se traduce en un contexto de coparentalidad como una competencia constante por el afecto y la lealtad de los niños. Esto puede manifestarse de diversas maneras, desde obsequios extravagantes durante las visitas, hasta comentarios despectivos sobre el otro padre, todo ello con el objetivo de conseguir el favor de los hijos. Tales acciones no solo tensan la relación de coparentalidad, sino que también colocan a los niños en una posición incómoda e injusta en la que se sienten divididos entre sus padres.

Además, el sentido de derecho inherente a las conductas narcisistas puede conducir a demandas y expectativas irracionales en el acuerdo de coparentalidad. Esto podría incluir esperar flexibilidad del otro padre sin estar dispuesto a corresponder o insistir en tomar decisiones unilaterales sobre la vida de los niños. Estos comportamientos no solo crean una atmósfera tóxica para la crianza compartida, sino que también modelan dinámicas de relacionamiento poco saludables para los niños.

Abordar el impacto de las conductas narcisistas en la crianza compartida requiere un enfoque multifacético. Implica establecer límites claros y firmes, tanto para las interacciones con la expareja narcisista, como en términos de los comportamientos a los que están expuestos los niños. También requiere mantener líneas abiertas de comunicación con los niños, brindándoles una presencia estable y tranquilizadora en medio de los comportamientos impredecibles del padre narcisista.

Fundamentalmente, es esencial fomentar un entorno en el que los niños se sientan seguros al expresar sus sentimientos y pensamientos sobre la situación de coparentalidad. Esto podría implicar controles periódicos en los que se anime a los niños a compartir sus experiencias e inquietudes, asegurándose de que sepan que sus perspectivas son valoradas y consideradas en los procesos de toma de decisiones.

Además, buscar apoyo de profesionales, como terapeutas o consejeros, puede proporcionar no solo apoyo emocional para afrontar la crianza compartida con una expareja narcisista, sino también estrategias prácticas para gestionar las interacciones y proteger el bienestar de los niños.

En esencia, reconocer y abordar el impacto de las conductas narcisistas en la coparentalidad no se trata de entablar una batalla con la expareja narcisista. Más bien, se trata de priorizar la salud emocional y la estabilidad de los niños, asegurando que tengan el apoyo y los recursos que necesitan para prosperar a pesar de los desafíos. Esto requiere determinación, paciencia, resiliencia y, sobre todo, un compromiso firme con el bienestar de los niños.

El espectro del narcisismo: De los rasgos al trastorno

El narcisismo, a menudo malinterpretado, se extiende a lo largo de un amplio espectro y se revela a través de una variedad de comportamientos que van desde el egocentrismo sutil hasta el trastorno narcisista de la personalidad (TNP) más severo. Conocer este espectro es fundamental para los padres que se esfuerzan por navegar a través de las turbulentas aguas de la coparentalidad con un ex narcisista. Reconocer en qué punto de este esquema se ubica el comportamiento de una expareja puede influir significativamente en las estrategias empleadas para gestionar las interacciones y salvaguardar el bienestar emocional de los niños involucrados.

En un extremo del espectro, encontramos individuos que exhiben rasgos narcisistas. Estos rasgos pueden incluir un sentido exagerado de importancia personal, una profunda necesidad de atención y admiración excesivas y una falta de empatía por los demás. Sin embargo, estos rasgos no dominan por completo la personalidad o las interacciones del individuo. En escenarios de coparentalidad, esto podría manifestarse como demandas ocasionales de atención indebida o comportamientos poco cooperativos; sin embargo, estos casos son esporádicos y pueden no alterar gravemente la dinámica de la crianza.

Avanzando a lo largo del espectro, la intensidad y frecuencia de estos rasgos aumentan, al igual que su impacto en la crianza. En la mitad del espectro es donde a menudo vemos una lucha significativa por el control y un patrón generalizado de conductas manipuladoras destinadas a socavar la autoridad del otro padre o su relación con los niños. Este es un punto crítico en el que los comportamientos comienzan a parecerse a los asociados con el trastorno narcisista de la personalidad, aunque es posible que aún no alcancen el umbral clínico para el diagnóstico.

En el otro extremo del espectro, es donde los rasgos narcisistas se condensan en un trastorno en toda regla. El TNP se caracteriza por un patrón persistente de grandiosidad, una necesidad constante de admiración y una falta de empatía, que afecta significativamente todas las áreas de la vida de un individuo, incluida la crianza de sus hijos. Los padres con TNP pueden ver a sus hijos como meras extensiones de sí mismos, sin tener en cuenta las necesidades y sentimientos de los niños, a menos que coincidan con los suyos. Esto puede conducir a un entorno de crianza compartida altamente tóxico, plagado de conflictos, manipulación y angustia emocional, tanto para los niños como para el otro padre.

Comprender el espectro del narcisismo ayuda a adaptar las estrategias de coparentalidad a los desafíos específicos que plantean los comportamientos de nuestra expareja. Por ejemplo, tratar con alguien que exhibe rasgos narcisistas leves podría implicar establecer límites firmes pero justos y participar en una comunicación mediada para minimizar el conflicto. Por otro lado, la copaternidad con una persona que padece TNP puede requerir límites más estrictos, depender de acuerdos legales para hacer cumplir las disposiciones de crianza compartida, y posiblemente, limitar el contacto directo para proteger el bienestar emocional y psicológico de los niños.

También es crucial que el otro padre reconozca la fluidez del espectro del narcisismo. El estrés, los cambios en la vida y otros factores, pueden provocar cambios en el comportamiento, lo que requiere ajustes en las estrategias de crianza. Por ejemplo, una expareja que exhibe rasgos narcisistas leves puede mostrar comportamientos más severos bajo estrés, lo que requerirá un aumento temporal de los límites o el apoyo.

Comprender el impacto del narcisismo en los niños

Los niños son particularmente susceptibles a los efectos de las conductas narcisistas, y el impacto varía dependiendo de dónde se encuentre la expareja en el espectro del narcisismo. Los niños expuestos a rasgos narcisistas leves, pueden experimentar momentos de confusión o angustia emocional cuando se pasan por alto sus necesidades o cuando son testigos de conflictos entre sus padres. Sin embargo, estos efectos pueden mitigarse con el apoyo y la comunicación adecuados por parte del padre no narcisista.

Por el contrario, los hijos de padres con TNP enfrentan desafíos más importantes. Pueden luchar con problemas de autoestima, desarrollar una comprensión poco saludable de la dinámica de las relaciones o incluso reflejar comportamientos narcisistas. En estos casos, es fundamental que el otro padre proporcione un entorno estable y empático donde los niños se sientan valorados, escuchados y respetados. Mantener diálogos abiertos sobre las emociones, reforzar los límites y buscar apoyo profesional, puede ayudar a los niños a gestionar y comprender sus experiencias sin internalizar los aspectos negativos de sus interacciones con el padre narcisista.

Estrategias de afrontamiento

Para los co-padres, desarrollar estrategias efectivas para manejar las interacciones con una expareja narcisista, implica una combinación de resiliencia personal, salvaguardas legales y apoyo psicológico. Esto podría incluir:

- Concurrir a terapia o grupos de apoyo, para reforzar la resiliencia emocional y obtener información sobre cómo lidiar eficazmente con un ex narcisista.

- Valerse de acuerdos legales y formales para definir límites y responsabilidades claros en la crianza compartida, limitando así la posibilidad de comportamientos manipuladores.

- La adopción de herramientas y estrategias de comunicación, como aplicaciones para padres o servicios de comunicación de terceros, minimizando el conflicto directo y garantizando que las interacciones se mantengan enfocadas en el bienestar de los niños.

En esencia, comprender el espectro del narcisismo enriquece el conjunto de herramientas de los padres para afrontar la coparentalidad con un ex narcisista. Permite un enfoque matizado que protege la salud emocional de los niños y apoya el bienestar de los padres no narcisistas, fomentando un ambiente más estable y positivo para todos los involucrados.

Cómo afecta el narcisismo a la toma de decisiones en la crianza de los hijos

En la coparentalidad con un ex narcisista, el terreno suele estar marcado por procesos de toma de decisiones que dejan de lado las necesidades y el bienestar de los niños. Estas decisiones pueden variar en importancia, desde rutinas diarias hasta elecciones educativas y necesidades de atención médica. Este desvío en el proceso de toma de decisiones centrado en el niño se debe principalmente a los rasgos característicos del narcisista, que distorsionan sus prioridades y percepciones, y a menudo anteponen sus deseos y su ego por encima de todo.

El ego al timón

Una de las formas más evidentes en que el narcisismo afecta la toma de decisiones en la crianza de los hijos es en la priorización del ego del narcisista. Por ejemplo, al decidir sobre actividades extracurriculares, un narcisista podría presionar para que sus hijos se inscriban en programas prestigiosos o competitivos, no para el disfrute o el crecimiento de los niños, sino para reforzar la posición social del padre o satisfacer sus aspiraciones insatisfechas. Esta insistencia a menudo pasa por alto si el niño tiene interés o aptitud para la actividad, lo que a menudo genera estrés, infelicidad y una sensación de insuficiencia en el niño.

El control como brújula

El impulso de control es otro factor que dirige la toma de decisiones del padre narcisista. Esta necesidad puede manifestarse en una micro gestión de los horarios, las interacciones e incluso los pensamientos de los niños, dejando poco espacio para que los niños se expresen o tomen decisiones sobre sus propias vidas. Un enfoque controlador puede sofocar la independencia de los niños y erosionar su confianza a medida que aprenden que sus deseos y opiniones tienen poco peso en la dinámica familiar.

La ilusión de las decisiones mutuas

Idealmente, la crianza compartida implica colaboración y decisiones mutuas que beneficien a los niños. Sin embargo, con un padre narcisista, esta asociación a menudo se convierte en una fachada. El padre narcisista podría aceptar decisiones conjuntas en teoría, pero con frecuencia socavar este acuerdo en la práctica, ya sea ignorando decisiones tomadas previamente o manipulando las circunstancias para garantizar que los resultados se alineen con sus deseos. Esta inconsistencia puede confundir a los niños y alterar el entorno estable que necesitan, enseñándoles que no se puede confiar en los acuerdos y que es posible que las figuras de autoridad en su vida no siempre actúen en su mejor interés.

El reflejo en el espejo

Los padres narcisistas a menudo ven a sus hijos como extensiones de sí mismos y no como individuos con sus propias necesidades y derechos. Esta perspectiva influye profundamente en su toma de decisiones. Las decisiones sobre la vida de los niños se toman teniendo en cuenta cómo se reflejan en los padres, lo que lleva a situaciones en las que los niños son empujados a adoptar roles o caminos que reflejan la autoimagen o las aspiraciones del narcisista. Los talentos, intereses y bienestar reales de los niños pasan a ser secundarios, si es que se consideran en absoluto.

Estrategias para afrontar la toma de decisiones de un narcisista en la crianza de los hijos

Navegar por este panorama requiere estrategias que prioricen las necesidades de los niños y al mismo tiempo se gestionen los desafíos que plantea el estilo de toma de decisiones del co-padre narcisista. Algunos enfoques incluyen:

- **Documentar acuerdos**: mantener un registro escrito documentado de todas las decisiones y acuerdos, puede proporcionar un punto de referencia para las discusiones y ayudar a responsabilizar al co-padre narcisista para que cumpla con las decisiones conjuntas. Es conveniente establecer por escrito la fecha y la hora en todos los documentos y arreglos.

- **Apps de crianza compartida:** afortunadamente, ahora existen varias aplicaciones que puedes comprar y utilizar para gestionar las interacciones con tu ex. Si estás lidiando con una expareja narcisista, esta puede ser la solución a muchos de tus problemas. El uso de estas aplicaciones te permitirá limitar drásticamente tu contacto con tu ex, intercambiando documentos y registros, agregando una capa de transparencia a toda la comunicación y eliminando así la capacidad de tu ex para manipular eventos. Los tribunales aceptan algunas de estas aplicaciones y pueden ser de gran ayuda en los fallos de los tribunales de familia. Estas aplicaciones tienen un costo, ya sea una tarifa única o un plan de suscripción, pero valen cada centavo. A continuación se muestran algunas de las aplicaciones más sólidas del mercado, con algunas de sus características principales destacadas. Haz tu propia investigación y encuentra la aplicación que mejor se adapte a la dinámica y las necesidades de tu familia. Si estás trabajando con un abogado de familia y/o un GAL (Guardia o Tutor Ad Litem), pregúntales qué aplicaciones recomiendan y cuáles son aceptadas por el tribunal local. Tener un registro documentado que acepte tu tribunal local significa un recurso valioso.

Además, estas aplicaciones pueden eliminar gran parte del conflicto al interactuar con un narcisista y mejorarán tu calidad de vida. Documentarán todas sus comunicaciones, marcando las fechas de forma permanente. Un narcisista no podrá "manipular" la información en estas aplicaciones, y esto disminuirá significativamente su poder. Los mensajes no se pueden editar ni eliminar; esto encierra al narcisista y evita afirmaciones descabelladas y mentiras. Es una herramienta perfecta para lidiar con un narcisista y también te brindará tranquilidad. Muchas de estas aplicaciones de crianza compartida también te permiten cargar documentos.

- **Our Family Wizard** www.ourfamilywizard.com

Aprobada por los tribunales y recomendada por muchas prácticas de derecho de familia. Todo queda sellado con fecha y hora y nada puede ser eliminado.

Sus principales características incluyen un calendario compartido, videollamadas y llamadas tradicionales, mensajes, gastos, un archivo de información importante, un diario para documentar cualquier cosa que surja y un medidor de tono para mantener todas las comunicaciones civilizadas.

- **Talking Parents** www.talkingparents.com

Sus principales características incluyen llamadas responsables, mensajería segura, registros inalterables, pagos responsables, calendario compartido, una biblioteca de información, un diario personal y una biblioteca de archivos adjuntos.

- **2Houses** www.2houses.com

Sus características principales incluyen un calendario compartido, una bóveda de información, un rastreador de finanzas y un diario.

- **Appclose** www.appclose.com

Sus principales características incluyen un calendario compartido, un centro de mensajes seguro donde los mensajes no se pueden eliminar, un centro de solicitudes, llamadas de audio y video y un centro de gastos.

- **CoParenter** www.coparenter.com

Sus principales características incluyen mediación y coaching, un calendario compartido, registros de entrada y transcripciones.

- **Guardia o Tutor Ad Litem (GAL)** es una persona que el tribunal designa, ya sea a solicitud de uno de los padres o cuando el tribunal determina que es necesario debido al nivel de los conflictos y problemas constantes. Los GAL suelen ser abogados y/o trabajadores sociales que han tomado cursos especializados y tienen una amplia experiencia en la resolución de disputas parentales, anteponiendo frente a todo el interés de los niños. Muchos profesionales del derecho de familia recomiendan contar con un GAL cuando uno de los padres es narcisista. Aunque contratar un GAL implica un costo adicional, puede ser un recurso invaluable para ti y para tus hijos ya que les dará la posibilidad de eliminar el conflicto de sus vidas.

- **Empoderar a los niños**: cuando sea apropiado, involucrar a los niños en los procesos de toma de decisiones puede ayudar a contrarrestar los efectos del control de los padres narcisistas y las elecciones impulsadas por el ego. Esta participación debe ser apropiada para la edad y apuntar a empoderar a los niños, dándoles voz en los asuntos que les afectan.

- **Búsqueda de mediación y apoyo legal**: en los casos en que la toma de decisiones del padre narcisista socava gravemente el bienestar de los niños o viola los acuerdos de copaternidad, puede ser necesario buscar mediación o intervención legal. Los profesionales jurídicos y mediadores familiarizados con comportamientos narcisistas pueden ofrecer estrategias e intervenciones que protejan los intereses de los niños.

- **Fomentar la comunicación abierta**: incentivar la comunicación abierta dentro de la familia ayuda a los niños a comprender que pueden expresar sus necesidades y opiniones. Esta comunicación debe ser una vía de doble sentido, donde los niños se sientan escuchados y apoyados, contrastando la dinámica que podrían experimentar con el padre narcisista.

- **Creación de una red de apoyo**: rodear a la familia de una red de apoyo de amigos, parientes y profesionales puede proporcionar perspectivas alternativas y apoyo emocional. Esta red puede ofrecer a los niños modelos de relaciones y toma de decisiones saludables.

En esencia, si bien los procesos de toma de decisiones del padre narcisista en la crianza de los hijos presentan desafíos importantes, comprender estas dinámicas y emplear estrategias específicas puede mitigar su impacto. El objetivo es siempre garantizar que las necesidades y el bienestar de los niños sigan siendo una prioridad en todas las decisiones de crianza, fomentando un entorno en el que puedan prosperar a pesar de las complejidades de la crianza compartida con un narcisista.

Tácticas de manipulación emocional utilizadas por padres narcisistas

Los padres narcisistas suelen recurrir a una serie de tácticas de manipulación emocional que, sin duda, introducen una nueva capa de complejidad en la crianza compartida. Estas tácticas no siempre son manifiestas; muchas operan bajo la apariencia de preocupación o afecto, lo que las hace particularmente insidiosas y difíciles de contrarrestar. Comprender estas tácticas es el primer paso para salvaguardar tu bienestar emocional y el de tus hijos.

Gaslighting: socavando la realidad

Una forma frecuente de manipulación utilizada por padres narcisistas es el gaslighting. Esta táctica consiste en cuestionar la validez de tus experiencias y recuerdos, haciéndote dudar de tus percepciones y de tu cordura. En la crianza compartida, esto podría manifestarse cuando el padre narcisista niega acuerdos o conversaciones pasadas o insiste en que ciertos eventos ocurrieron de manera diferente a lo que recuerdas, especialmente en lo que respecta a las decisiones que afectan a los niños. Es una experiencia desorientadora que puede hacerte dudar de ti mismo y, con el tiempo, erosionar tu confianza en tus decisiones parentales.

Triangulación: creando divisiones

Otra táctica es la triangulación, donde el narcisista manipula las relaciones entre las personas que lo rodean para mantener el control y ser el centro de atención. En un escenario de crianza compartida, el padre narcisista podría enfrentar a los niños contra ti al compartir información selectiva o mentiras descaradas, creando una alianza con los niños que te excluya y te aísle. Esto no sólo pone a prueba la relación con tus hijos, sino que también cambia la dinámica familiar a favor del narcisista, haciendo que la crianza compartida sea aún más desafiante.

Bombardeo amoroso: el ciclo de idealización y devaluación

El bombardeo amoroso es una táctica caracterizada por un afecto, elogio y atención excesivos, seguidos de una retirada fría o una crítica. Los padres narcisistas pueden colmar a sus hijos de regalos y afecto cuando cumplen con sus deseos, pero se vuelven distantes o punitivos cuando los niños expresan necesidades o deseos que divergen de la agenda del narcisista. Esto crea un ambiente confuso para los niños, quienes aprenden que el amor y la aprobación son condicionales y dependen del cumplimiento de las expectativas a menudo irracionales del padre narcisista.

Proyección: desvío de la culpa

La proyección implica que el narcisista te atribuya sus rasgos o comportamientos negativos, desviando la culpa y evitando así la responsabilidad. Por ejemplo, un padre narcisista podría acusarte de ser egoísta o indiferente cuando estableces límites o tomas decisiones destinadas a proteger los intereses de los niños. Esto no solo desvía la atención de sus propias fallas, sino que también intenta presentarte bajo una luz negativa, tanto ante tus propios ojos como a los de tus hijos, socavando tu autoridad y tu relación con ellos.

Tratamiento silencioso: controlando mediante la abstinencia

El trato silencioso es una forma de retención emocional utilizada por padres narcisistas como castigo o medio de control. Cuando el narcisista está descontento con una decisión de crianza compartida o busca ejercer presión, puede negarse a comunicarse, ignorando cualquier intento de discusión o negociación. Esta táctica puede ser particularmente dañina, ya que paraliza los esfuerzos productivos de crianza compartida y modela patrones de comunicación poco saludables para los niños.

Jugar a la víctima: manipulando la simpatía

Los padres narcisistas a menudo se hacen las víctimas para provocar simpatía y manipular situaciones en su beneficio. Al presentarse a sí mismos como la parte perjudicada en las disputas por la paternidad compartida, buscan ganarse la simpatía de los niños y de los demás, presentándote a ti como el agresor. Esto no sólo desvía la atención de sus comportamientos problemáticos sino que también manipula la narrativa para socavar tu credibilidad y tu relación con tus hijos.

Estrategias para contrarrestar la manipulación emocional

Reconocer estas tácticas es crucial, al igual que desarrollar estrategias para contrarrestarlas de manera efectiva. A continuación se muestran algunos enfoques:

- **Documentar las interacciones**: mantener un registro de todas las comunicaciones puede ayudarte a mantener una perspectiva clara y contrarrestar los intentos de engaño. Considera la posibilidad de obtener un diario, o un diario en línea protegido con contraseña, dedicado a documentar todas tus interacciones con tu ex.

- **Fortalece tu relación con tus hijos**: la comunicación abierta y honesta puede ayudar a mitigar los efectos de la triangulación y el bombardeo de amor, asegurando que tus hijos se sientan valorados y escuchados.

- **Establece límites claros**: establecer y hacer cumplir límites ante el padre narcisista puede protegerte de tácticas como el trato silencioso y la proyección.

- **Busca apoyo profesional**: contar con un colaborador como un terapeuta o consejero puede proporcionarte las herramientas para afrontar los desafíos emocionales de la crianza compartida con un narcisista.

- **Infórmate**: comprender el narcisismo y su impacto en la dinámica familiar puede ayudarte a responder de manera más efectiva a los intentos de manipulación.

- **Construye una red de apoyo**: rodearte de amigos, familiares y grupos de apoyo comprensivos puede ofrecerte el respaldo emocional que necesitas para superar los desafíos de la coparentalidad.

Enfrentarse a un co-padre narcisista requiere resiliencia, paciencia y un firme compromiso para priorizar el bienestar de tus hijos por encima de las turbulencias. Al comprender y contrarrestar las tácticas de manipulación emocional empleadas por los padres narcisistas, puedes crear un entorno más estable y seguro para tus hijos, garantizando que prosperen a pesar de los desafíos.

Comprender el suministro narcisista y su rol en la coparentalidad

En la intrincada danza de la coparentalidad con un ex narcisista, el concepto de "suministro narcisista" emerge como un factor fundamental que influye en su comportamiento e interacciones. En esencia, el suministro narcisista se refiere al sustento que los narcisistas obtienen de fuentes externas que alimentan su ego y afirman su sentido de superioridad y derecho. Este suministro puede presentarse de diversas formas, incluida admiración, validación, atención e incluso conflicto, siempre que refuerce la autopercepción de importancia y control del narcisista.

Reconocer el papel del suministro narcisista en escenarios de coparentalidad es crucial para anticipar posibles desafíos y planificar respuestas efectivas. Esto arroja luz sobre las motivaciones detrás de las acciones del padre o madre narcisista, ayudando al co-padre a comprender que estos comportamientos a menudo surgen de una necesidad profundamente arraigada de validación, en lugar de un interés genuino en el bienestar de los niños o un deseo de fomentar una relación coparental colaborativa.

La búsqueda de suministro a través de los niños

Los padres narcisistas pueden ver a sus hijos como fuentes convenientes de suministro narcisista, utilizando sus logros, apariencia o comportamientos como reflejo de su propio valor. Esta dinámica puede manifestarse de varias maneras:

- **Explotación de sus logros**: un padre narcisista puede alardear en exceso los éxitos de sus hijos, tratándolos como logros personales. Esto puede ejercer una presión indebida sobre los niños para que se desempeñen o se ajusten a las expectativas de sus padres para evitar que les quiten su afecto o aprobación.

- **Construcción de una imagen**: los narcisistas a menudo crean la apariencia de una familia perfecta para el mundo exterior, utilizando las redes sociales o apariciones públicas para ganarse la admiración de los demás. Las necesidades o sentimientos de los hijos pueden quedar relegados a un segundo plano con tal de mantener esta fachada.

- **Alimentación emocional**: de maneras más sutiles, los padres narcisistas pueden provocar reacciones emocionales en sus hijos (ya sea atención positiva o angustia) como un medio para sentirse poderosos e indispensables.

Comprender estas dinámicas ayuda al co-padre a proteger a sus hijos de ser utilizados como peones en la búsqueda de suministro por parte del narcisista. Implica fomentar un entorno donde los niños puedan perseguir sus intereses y expresar sus emociones libremente, sin temor a represalias o la carga de satisfacer las necesidades de validación de su padre o madre narcisista.

El conflicto como fuente de suministro

Sorprendentemente, el conflicto también puede servir como una potente fuente de suministro narcisista. Involucrarse en disputas, especialmente aquellas que evocan fuertes reacciones emocionales, puede afirmar el sentido de control y superioridad del narcisista. En la crianza compartida, esto podría traducirse en provocar discusiones sobre las decisiones de crianza o los acuerdos de custodia, a menudo sin tener en cuenta el impacto que tales conflictos pueden tener en los niños.

Para manejar este aspecto desafiante, resulta vital adoptar estrategias que minimicen las oportunidades de conflicto, tales como:

- **Comunicación estructurada**: utilizar servicios de comunicación de terceros o adherirse a formas de comunicación escrita, puede ayudar a mantener el enfoque en los asuntos de crianza y reducir el potencial de provocación emocional.

- **Establecimiento de límites**: los límites claramente definidos, comunicados con calma y coherencia, pueden disuadir los intentos de instigar un conflicto, ya que limitan la capacidad del narcisista para provocar una respuesta emocional.

- **Marcos legales**: en los casos en que el conflicto se intensifica, recurrir a marcos legales y acuerdos de custodia puede proporcionar un enfoque estructurado para resolver disputas, minimizando la confrontación directa.

El papel de la admiración y la atención

Para los narcisistas, la admiración de los demás sirve como una forma crítica de suministro, afirmando la grandiosa imagen que tienen de sí mismos. En la copaternidad, esto podría manifestarse en un énfasis excesivo en el reconocimiento público o los elogios relacionados con la crianza de los hijos. El padre narcisista puede hacer todo lo posible para ser visto como el padre "ideal", a menudo a expensas de interacciones genuinas y enriquecedoras con sus hijos.

Del mismo modo, la necesidad de atención del narcisista puede conducir a comportamientos que eclipsen o socaven el papel del otro progenitor y la relación con sus hijos. Esto podría incluir grandes gestos o promesas, representaciones poco realistas de estilos de vida y oportunidades, o monopolizar conversaciones y decisiones sobre la vida de los niños.

Para contrarrestar estas tendencias, es esencial reforzar el valor de las conductas parentales auténticas y de apoyo por encima de las muestras superficiales de afecto o compromiso. Para lograrlo, deberás:

- **Fomentar la conexión real**: promover actividades e interacciones que fomenten conexiones genuinas entre el padre narcisista y los niños puede ayudar a cambiar el enfoque, de la validación externa hacia las necesidades emocionales de los niños.

- **Modelar relaciones saludables**: demostrar una dinámica de relación saludable, que incluya respeto, empatía y cooperación, establece un ejemplo positivo para los niños y contrasta con el enfoque a menudo egocéntrico del narcisista.

- **Apoyar las perspectivas de los niños**: empoderar a los niños para que expresen sus necesidades y opiniones con respecto a su relación con el padre narcisista fomenta una dinámica familiar más equilibrada y auténtica.

En esencia, comprender el concepto de suministro narcisista y sus manifestaciones en escenarios de crianza compartida le brinda al co-padre la perspectiva necesaria para gestionar las complejidades de interactuar con un ex narcisista. Destaca la importancia de estrategias centradas en minimizar el conflicto, fomentar conexiones genuinas y priorizar el bienestar emocional de los niños, por encima de las demandas de atención y admiración del narcisista. Al reconocer las motivaciones subyacentes de los comportamientos de los padres narcisistas, los co-padres pueden proteger mejor a sus hijos de ser utilizados como fuentes de suministro narcisista y garantizar un entorno más estable y seguro para su crecimiento y desarrollo.

Capítulo 2

Los ecos silenciosos del malestar emocional

Los niños pueden mostrar estrés e infelicidad cuando sus necesidades no están siendo satisfechas. Es importante estar atento a cualquier conflicto emocional que puedan estar experimentando como resultado de la relación con el padre narcisista. Como padre o madre estable, puedes proporcionarles una base sólida y contrarrestar parte de su inquietud. Reconocer estos signos es similar a comprender el lenguaje silencioso de las plantas, permitiéndonos nutrirlas para que recuperen su salud.

Signos de angustia emocional en niños con un padre narcisista

Los niños, con su capacidad de resiliencia y adaptabilidad, a menudo encuentran formas de afrontar las complejidades de tener un padre narcisista. Sin embargo, el costo emocional a menudo se manifiesta en signos sutiles y abiertos de angustia. Detectar estas señales temprano puede abrir la puerta para brindar el apoyo y la intervención necesarios para fomentar la sanación y el crecimiento emocional.

Cambios de comportamiento o estado de ánimo

- **Retraimiento**: un niño que alguna vez fue alegre y extrovertido puede volverse silencioso y retraído, prefiriendo la soledad a la compañía de amigos o familiares. Este cambio podría ser un mecanismo de defensa contra la imprevisibilidad de la atención o el afecto del padre narcisista.

- **Agresión**: la frustración y la confusión sobre la dinámica del hogar puede llevar a los niños a expresar sus emociones a través de la agresión. Esto podría ser más pronunciado en entornos donde se sienten más seguros, como en la escuela o con su padre o madre no narcisista.

- **Ansiedad**: la tensión constante en el hogar, principalmente debido a andar con pies de plomo alrededor de un padre narcisista, puede provocar una mayor ansiedad en los niños. Los signos incluyen morderse las uñas, inquietud o un miedo inusual a cometer errores.

- **Depresión**: la negligencia emocional por parte de un padre narcisista puede sembrar semillas de baja autoestima y tristeza, manifestándose como una pérdida de interés en actividades que antes disfrutaban, cambios en el apetito o una sensación persistente de desesperanza.

Impacto académico y social

- **Disminución del rendimiento escolar**: la carga emocional de lidiar con un padre narcisista puede distraer a los niños de sus estudios, conduciendo a una caída notable en el rendimiento académico.

- **Dificultades en las relaciones sociales**: los niños pueden tener dificultades para entablar y mantener amistades. Podrían volverse excesivamente complacientes, reflejando la dinámica de su entorno hogareño, o tener dificultades con la confianza, por temor a la traición o al rechazo.

Síntomas físicos

- **Problemas de salud relacionados con el estrés**: el estrés crónico puede manifestarse físicamente, presentándose como dolores de cabeza recurrentes, dolores de estómago o incluso dolores y molestias inexplicables. Estos síntomas a menudo carecen de una causa médica clara, pero están arraigados a la angustia emocional.

- **Trastornos del sueño**: la dificultad para conciliar el sueño, las pesadillas o el sueño excesivo pueden ser indicadores de un conflicto emocional subyacente derivado de la inestabilidad e imprevisibilidad de vivir con un padre narcisista.

Imitación de comportamientos narcisistas

- **Imitación de comportamientos**: los niños a menudo aprenden con el ejemplo y, en algunos casos, pueden comenzar a mostrar rasgos narcisistas, como falta de empatía o un sentido exagerado de derecho. Es crucial distinguir estos comportamientos aprendidos del carácter del niño, entendiendo que provienen de su entorno y no de su naturaleza.

Elemento interactivo: indicaciones para un diario de reflexión

Este ejercicio consiste en una serie de indicaciones guiadas, diseñadas en un diario, para ayudar a los padres a reflexionar sobre el comportamiento y los cambios de humor de sus hijos, fomentando una comprensión y una conciencia más profundas de los signos sutiles de angustia emocional y facilitando un enfoque proactivo para buscar ayuda y apoyar al niño.

- **Pregunta 1**: Reflexiona sobre cualquier cambio significativo en el comportamiento o el estado de ánimo de tu hijo en los últimos meses. ¿Qué patrones notas?

- **Pregunta 2**: ¿Cómo expresa tu hijo su frustración o tristeza? ¿Existen desencadenantes o patrones específicos?

- **Pregunta 3**: Piensa en las interacciones sociales de tu hijo. ¿Has notado algún cambio en la forma en que se relaciona con amigos o familiares?

Reconocer los signos de angustia emocional en niños con un padre narcisista es el primer paso hacia la intervención y el apoyo. Comprender y responder a estas señales puede allanar el camino para que nuestros hijos recuperen la salud y el bienestar emocional.

Enseñanza de la resiliencia: estrategias para proteger emocionalmente a los niños

En el desarrollo infantil, la resiliencia emerge como un atributo vital, entretejiendo la fuerza y la adaptabilidad en el carácter del niño. Al enfrentarnos a las complejidades emocionales inherentes a tener un padre narcisista, fomentar la resiliencia en los niños se vuelve no sólo beneficioso sino crucial. Les brinda una armadura psicológica para resistir y recuperarse de sus desafíos. Aquí, exploraremos algunas estrategias prácticas para fortalecer emocionalmente a los niños, permitiéndoles navegar con confianza y serenidad a través las mareas de sus circunstancias familiares únicas.

Comprender la base de la resiliencia

La resiliencia no es innata sino una habilidad que los niños desarrollan con el tiempo a través de experiencias y orientación. Implica reconocer su fuerza interior, comprender que la adversidad es transitoria y saber que poseen la capacidad de influir en sus resultados. Para los niños que se encuentran a la sombra de un padre o madre narcisista, la resiliencia ofrece fuerza y esperanza, iluminando caminos que los dirijan hacia el bienestar emocional y el crecimiento personal.

Cultivar la autopercepción positiva

La piedra angular de la resiliencia es la autopercepción positiva. Los niños necesitan verse a sí mismos como individuos capaces y merecedores. Esta visión de sí mismos contrarresta cualquier retroalimentación negativa que puedan recibir de un padre narcisista. Los padres y cuidadores pueden fomentar esto:

- **Afirmando sus fortalezas**: reconociendo y celebrando periódicamente los talentos, esfuerzos y logros del niño. Resaltando sus cualidades únicas que contribuyen a su sentido de autoestima.

- **Fomentando la autorreflexión:** guiando a los niños para que reflexionen sobre sus experiencias, centrándose en lo que aprendieron y cómo superaron los desafíos. Esta reflexión fomenta una mentalidad de crecimiento, enfatizando el valor del esfuerzo y la perseverancia.

Fomentar la alfabetización emocional

Dotar a los niños del lenguaje necesario para expresar sus sentimientos, les permite articular sus experiencias y buscar apoyo cuando sea necesario. La alfabetización emocional es una herramienta para que los niños comprendan y gestionen sus emociones de forma eficaz, un aspecto crucial de la resiliencia. Las estrategias incluyen:

- **Nombrar las emociones**: utiliza situaciones cotidianas para ayudar a los niños a identificar y nombrar sus sentimientos. Esta práctica desmitifica las emociones, haciéndolas menos abrumadoras y más manejables.

- **Modelar la expresión emocional**: demostrando formas saludables de expresar emociones, como hablar abiertamente sobre los sentimientos o utilizando el arte y el juego. Este ejemplo les enseña a los niños que está bien expresar sus sentimientos de manera constructiva.

Construir una red de apoyo

Una red de apoyo sólida proporciona a los niños una red de seguridad, reforzando que no están solos. Esta red puede incluir familiares, amigos, maestros y mentores que ofrezcan apoyo emocional y práctico. Para construir esta red:

- **Fomenta las relaciones sociales**: apoya a los niños para que desarrollen amistades y participen en actividades grupales que les interesen. Estas relaciones pueden ofrecer apoyo emocional y un sentido de pertenencia.

- **Preséntales modelos a seguir**: presenta a los niños modelos positivos a seguir que hayan superado la adversidad. Estas personas pueden inspirar a los niños y brindar ejemplos tangibles de resiliencia en acción.

Enseñar habilidades para resolver problemas

Los niños resilientes ven los desafíos como oportunidades de crecimiento en lugar de obstáculos insuperables. Enseñar a los niños habilidades para resolver problemas les permite afrontar las dificultades con confianza. Esto se puede lograr mediante:

- **Lluvia de ideas para encontrar soluciones juntos**: cuando enfrenten un problema, siéntate con el niño y piensen en posibles soluciones. Fomenta el pensamiento creativo y evalúen juntos los pros y los contras de cada opción.

- **Celebración de los intentos de resolución de problemas**: reconociendo y elogiando el esfuerzo puesto en la resolución de problemas, independientemente del resultado. Este reconocimiento refuerza el valor de actuar y aprender de la experiencia.

Fomentar la autonomía y la toma de decisiones

Permitir que los niños tomen decisiones y experimenten las consecuencias de las mismas fomenta un sentido de autonomía. Esta independencia es un componente fundamental de la resiliencia, ya que infunde confianza en su capacidad para influir en sus propias vidas. Las formas de fomentar la autonomía incluyen:

- **Ofrecer opciones controladas**: proporcionando a los niños opciones en asuntos que les afecten, como elegir actividades extraescolares o establecer planes de fin de semana. Esta práctica los anima a sopesar las decisiones y considerar sus preferencias.

- **Apoyar la independencia**: animando a los niños a asumir responsabilidades y tareas apropiadas para su edad, ofreciéndoles orientación según sea necesario. Esta independencia genera autoeficacia y confianza en sus capacidades.

Priorizar el autocuidado y el bienestar

El bienestar físico impacta significativamente en la resiliencia emocional. Garantizar que los niños realicen actividad física con regularidad, mantengan una dieta equilibrada y duerman lo suficiente, sienta las bases de la fortaleza emocional. Además, introducir a los niños en técnicas de atención plena y relajación puede ayudarles a gestionar el estrés y mantener el equilibrio emocional.

Buscar apoyo profesional cuando sea necesario

Hay casos en los que el apoyo profesional se convierte en un recurso invaluable para desarrollar la resiliencia. Esto puede incluir asesoramiento o terapia, que brinde a los niños un espacio seguro para procesar sus emociones y experiencias bajo la guía de un profesional capacitado. Si los signos de angustia emocional persisten o se intensifican, buscar ayuda profesional puede ofrecer la orientación especializada necesaria para superar estos desafíos con éxito.

Desarrollar la resiliencia en los niños es un viaje proactivo que requiere paciencia, comprensión y esfuerzo constante. Al implementar estas estrategias, los padres y cuidadores pueden dotar a los niños de las herramientas que necesitan para enfrentar las complejidades de la vida con un padre narcisista con fuerza, adaptabilidad y una perspectiva esperanzadora sobre el futuro.

Fomentar la comunicación abierta: hablando con los niños sobre el narcisismo

Cuando llega el momento de hablar de las complejidades del narcisismo con nuestros hijos, el enfoque debe ser cuidadosamente adaptado a su edad y madurez emocional. Esta conversación, delicada pero necesaria, no pretende demonizar a su padre narcisista, sino iluminar y empoderar a nuestros hijos, dotándolos de comprensión y estrategias de afrontamiento que respeten su relación con ambos padres.

Inicio de la conversación

Iniciar este diálogo requiere tiempo y tacto. Busca un momento de calma, libre de conflictos recientes, para asegurarte de que la discusión sea lo más objetiva y libre de emociones posible. Comienza afirmando los sentimientos y experiencias de tu hijo, validando cualquier confusión o dolor que pueda haber experimentado. Esta validación constituye la base de la confianza, esencial para una conversación abierta y honesta.

Explicar el narcisismo en términos accesibles

El concepto de narcisismo, complejo incluso para los adultos, necesita simplificarse para un público más joven. Compáralo con situaciones o historias familiares, tal vez comparándolo con personajes de libros o películas conocidos por su comportamiento egocéntrico, para ilustrar los rasgos sin acusaciones directas o negatividad. Para los niños mayores, utiliza ejemplos de la naturaleza, como el pavo real, que siempre muestra sus plumas, para explicarles la necesidad de atención y admiración que caracteriza al narcisismo.

- **Niños más pequeños**: "A veces, las personas pueden actuar como [personaje de un cuento], donde sólo hablan de lo que quieren y no escuchan a los demás. No es porque no les importe, pero es posible que no sepan cómo demostrarlo de la manera correcta".

- **Niños mayores**: "¿Sabes que un pavo real siempre quiere mostrar sus plumas? Algunas personas necesitan mucha atención, como los pavos reales. No significa que no nos amen; simplemente lo expresan de otra manera y a veces no se dan cuenta cuando estamos molestos o necesitamos algo".

Abordar sus sentimientos y experiencias

Anima a tus hijos a compartir abiertamente sus sentimientos y experiencias, asegurándoles que todas las emociones son válidas y que está bien sentirse confundidos o molestos. Utiliza la escucha reflexiva para demostrar que realmente los escuchas y los comprendes, repitiendo lo que han dicho con tus propias palabras y haciendo preguntas amables para profundizar en sus pensamientos.

- "Parece que estás diciendo que te sientes excluido cuando papá o mamá hablan sólo de lo que a ellos les gusta. Eso debe ser muy difícil".

- "¿Cómo te sientes cuando intentas decirles algo importante y parece que no te escuchan?"

Brindar reafirmación

Es fundamental asegurarles a los niños que los comportamientos narcisistas de sus padres no son culpa suya, ni son ellos los responsables de corregirlos. Si es posible, resalta las cualidades positivas del padre, o madre, para mantener una visión equilibrada y evitar la demonización.

- "Tu papá/mamá te ama mucho, incluso si a veces sus acciones hacen que sea difícil verlo. Todos demostramos amor de diferentes maneras y está bien enojarse por eso a veces".

- "Recuerda, la forma en que actúa la gente depende de ellos, no de ti. Eres un niño fantástico y no eres responsable de hacer que los adultos se sientan mejor".

Equiparlos con estrategias de afrontamiento

Ofréceles estrategias prácticas de afrontamiento que puedan utilizar cuando se sientan abrumados o ignorados por su padre o madre narcisista. Enséñales técnicas sencillas para calmarse, como respirar profundamente o tener un "espacio seguro" especial al que puedan acudir cuando necesiten un momento a solas. Anímalos a perseguir intereses y actividades que los hagan felices, brindándoles una salida saludable para sus emociones y una sensación de logro independiente de la atención de sus padres.

- **Técnicas autocalmantes**: "Cuando las cosas se pongan demasiado difíciles, intenta respirar profundamente, inhalando y exhalando, lentamente. Imagina que inflas un globo grande con tus preocupaciones y luego déjalo ir".

- **Desarrollo de intereses**: "¿Hay algo que siempre hayas querido probar? Hacer las cosas que amas es importante, especialmente cuando te sientes triste o ignorado. Es una forma de recordarte la increíble persona que eres".

Normalizar la búsqueda de ayuda

Normaliza la búsqueda de ayuda, ya sea acudiendo a un adulto de confianza o un consejero o participando en grupos de apoyo para niños que pasan por experiencias similares. Enfatiza que pedir ayuda es una señal de fortaleza y sabiduría, no de debilidad.

- "A veces, hablar con alguien fuera de la familia puede ayudarnos a darle sentido a las cosas. Es como cuando estás aprendiendo algo nuevo en la escuela y le pides ayuda al maestro. Es inteligente pedir orientación cuando la necesitamos".

Apoyo continuo y puertas abiertas

Concluye tu conversación reforzando que este diálogo no es un evento único, sino el comienzo de un diálogo continuo. Recuérdales que tu puerta siempre estará abierta para que compartan sus pensamientos, sentimientos y preguntas en cualquier momento.

- "Lo que hablamos hoy da mucho en qué pensar y está bien si tienes más preguntas más adelante. Recuerda, estoy aquí para ti, siempre dispuesto a escucharte, ya sea que te sientas feliz, triste o cualquier otra cosa".

Al transitar por estas discusiones, nuestro objetivo es arrojar luz sobre las sombras proyectadas por el narcisismo, ofreciendo a nuestros hijos la claridad, el apoyo y el amor que necesitan para comprender sus experiencias y emociones. Al fomentar la comunicación abierta, sentamos las bases para la sanación y el crecimiento, asegurando que nuestros hijos se sientan vistos, escuchados y valorados, sin importar las circunstancias.

La importancia de la inteligencia emocional en el desarrollo infantil

La inteligencia emocional es un pilar esencial en la base del desarrollo de un niño, particularmente cuando enfrenta los desafíos que plantean las tendencias narcisistas de los padres. Esta capacidad les permite reconocer, comprender, gestionar y utilizar las emociones de forma positiva para aliviar el estrés, comunicarse de forma eficaz, empatizar con los demás y superar desafíos. Para los niños bajo la sombra de un padre narcisista, desarrollar la inteligencia emocional no sólo es beneficioso; es transformador y les ofrece herramientas para afrontar panoramas emocionales complejos.

Reconocer y nombrar las emociones

Uno de los primeros pasos para cultivar la inteligencia emocional es enseñar a los niños a reconocer y nombrar sus emociones. Esta habilidad les permite identificar lo que están sintiendo en cada momento, ya sea alegría, tristeza, enfado o miedo. Es como darles un mapa de un denso bosque; con él, podrán transitar fácilmente a través de la maleza emocional.

- **Actividades de identificación**: los juegos simples que implican identificar emociones en otros, como a través de expresiones faciales en imágenes, pueden ser una forma divertida para que los niños estén más en sintonía con sus estados emocionales y los de aquellos que los rodean.

Comprender las emociones

Más allá de reconocer las emociones, los niños se benefician al aprender sobre la naturaleza de las emociones mismas: que son normales, que todos las experimentan y que son temporales. Esta comprensión puede resultar excepcionalmente reconfortante para los niños que se enfrentan a la imprevisibilidad de un padre narcisista, ya que les proporciona una sensación de normalidad y control.

- **Puntos de discusión**: las conversaciones sobre momentos en los que las emociones se sintieron abrumadoras pero finalmente pasaron, pueden ayudar a los niños a comprender la naturaleza temporal de las emociones. Leer juntos historias que aborden emociones complejas y discutir los sentimientos y resultados de los personajes puede profundizar aún más en esta comprensión.

Manejar las emociones

Podría decirse que uno de los aspectos más cruciales de la inteligencia emocional es aprender a gestionar las emociones de forma eficaz. Para un niño que se encuentra en una situación difícil de crianza compartida, la capacidad de calmarse cuando está molesto o de expresar sus sentimientos de manera constructiva puede ser empoderante. Les permite afrontar su entorno emocional inmediato y desarrollar resiliencia para el futuro.

- **Técnicas de gestión de emociones**: enseñar a los niños ejercicios simples de respiración o brindarles un espacio tranquilo donde puedan acudir para calmarse, pueden ser estrategias efectivas. Animarlos a expresar sus sentimientos a través de las palabras, el arte o la música también puede proporcionar una salida para la expresión emocional.

Usar las emociones de manera positiva

Enseñar a los niños a usar sus emociones de manera positiva puede fomentar la empatía, mejorar la comunicación y fortalecer las relaciones. Comprender sus sentimientos puede ayudar a los niños a anticipar y gestionar sus reacciones en situaciones sociales, incluidas aquellas que involucran a un padre narcisista, haciendo que las interacciones sean menos estresantes y más productivas.

- **Juego de roles**: participar en escenarios de juego de roles donde los niños puedan practicar cómo responder a diferentes situaciones emocionales, puede prepararlos para interacciones de la vida real. Esta práctica puede ayudarlos a pensar en cómo utilizar sus emociones para comunicarse de manera más efectiva y a empatizar con los demás.

Desarrollar la empatía

La empatía, un componente central de la inteligencia emocional, implica comprender y compartir los sentimientos de los demás. En los niños, desarrollar la empatía puede mejorar sus interacciones sociales y ofrecer un contrapunto al comportamiento egocéntrico que puedan observar en un padre narcisista. Les enseña a considerar las perspectivas y sentimientos de los demás, enriqueciendo su mundo social y emocional.

- **Modelar la empatía**: los padres pueden dar el ejemplo de empatía expresando preocupación por los demás y discutiendo los sentimientos en situaciones cotidianas. Preguntar a los niños cómo creen que se siente otra persona en una situación particular y por qué, puede ayudar a desarrollar esta habilidad.

Fomentar la comunicación eficaz

Los niños con una alta inteligencia emocional suelen ser mejores comunicadores. Pueden expresar sus necesidades y sentimientos de forma clara y resolver conflictos de forma constructiva. Dados los desafíos de comunicación que pueden surgir en familias con un padre narcisista, dotar a los niños de estas habilidades es invaluable.

- **Práctica de habilidades comunicativas**: las actividades que implican describir emociones y practicar la escucha activa pueden mejorar las habilidades comunicativas de los niños. Animarlos a expresarse, hacer preguntas y escuchar atentamente las respuestas de los demás, puede mejorar su capacidad de comunicación.

Apoyar la resolución de problemas

La resolución de problemas es otra área donde la inteligencia emocional puede beneficiar a los niños, especialmente en dinámicas familiares complejas. Comprender sus propias emociones y las de los demás puede ayudar a los niños a gestionar las disputas de manera más efectiva, encontrando soluciones que consideren los sentimientos y necesidades de todos.

- **Ejercicios de resolución de problemas**: trabajar juntos en ejercicios de resolución de problemas, donde se anima a los niños a identificar el problema, considerar los sentimientos de todos y proponer soluciones, puede desarrollar esta habilidad. Este enfoque no solo ayuda con los desafíos familiares inmediatos, sino que también prepara a los niños para manejar conflictos en contextos sociales más amplios.

Al nutrir la inteligencia emocional, los niños adquieren un conjunto de habilidades y conocimientos que les ayudan a gestionar los desafíos inmediatos de vivir con un padre narcisista, enriqueciendo asimismo su vida social y emocional hasta la edad adulta. Los niños pueden navegar por su mundo con confianza y empatía al reconocer, comprender, gestionar y utilizar las emociones de manera efectiva, construyendo relaciones más fuertes y saludables con ellos mismos y con los demás.

Modelando límites saludables para los niños

En los hogares que cuentan con la presencia de un padre narcisista, el arte de establecer límites se transforma en una habilidad crucial similar a aprender un nuevo idioma, uno que habla de respeto, autoestima y comprensión mutua. Para los niños en esta situación, presenciar el establecimiento de límites en acción sirve como una lección poderosa, que los equipa con herramientas para interactuar con confianza con el mundo que los rodea, incluyendo la dinámica desafiante presentada por un padre narcisista.

Los límites, en esencia, giran en torno a comprender dónde termina una persona y comienza la otra: qué comportamientos son aceptables y cuáles cruzan la línea. Se trata de reconocer las propias necesidades y garantizar que se cumplan de manera saludable y respetuosa. Para los niños, este entendimiento comienza en el hogar, a través de la observación y la práctica.

Inculcar los conceptos básicos del establecimiento de límites

Para empezar, los niños se benefician al ver que los límites son respetados dentro de su propia unidad familiar. Como padre o madre, es fundamental predicar con el ejemplo y modelar el comportamiento que deseas ver en tus hijos. Hacerlo implica acciones sencillas y cotidianas como:

- Respetar la privacidad: tocar la puerta antes de entrar a su habitación, por ejemplo, refuerza el concepto de espacio personal.

- Valorar las opiniones: permitir que los niños expresen sus preferencias y elecciones en asuntos que les conciernen, les enseña que su voz es importante.

- Fomentar la autonomía: poyar a los niños para que realicen tareas de forma independiente fomenta un sentido de autosuficiencia y responsabilidad personal.

Gestionando límites con un padre narcisista

El desafío único de establecer límites con un padre narcisista radica en la imprevisibilidad y, a menudo, el desprecio por los límites personales. Seamos realistas: los narcisistas no reconocen que otras personas, incluidos sus hijos, tengan límites, y este es un gran problema. Esto te brinda ti, el padre estable, la oportunidad de desempeñar un papel fundamental en el modelado del establecimiento de límites:

- Demostrando asertividad: mostrar a los niños cómo hacer valer sus necesidades con respeto y firmeza les proporcionas un guión a seguir en sus interacciones.

- Respondiendo a los excesos: abordar con calma los casos en los que se cruzan los límites sin recurrir a la ira o las represalias, es un ejemplo de cómo manejar los conflictos de manera constructiva.

- Manteniendo la coherencia: defender los límites establecidos, incluso frente a la resistencia, ilustra la importancia de la coherencia en las relaciones saludables.

El papel del refuerzo positivo

Reconocer y elogiar a los niños cuando ellos mismos establecen límites, fortalece estos comportamientos. Ya sea al decir no a algo con lo que se sienten incómodos o pedir espacio personal, reconocer sus esfuerzos refuerza el valor de los límites. Este refuerzo positivo les anima a seguir haciendo valer sus necesidades y respetando las de los demás.

Creando un espacio seguro para la práctica

El hogar debe ser un santuario donde los niños se sientan seguros para explorar y practicar el establecimiento de límites. Participar en escenarios de juegos de roles, por ejemplo, permite a los niños experimentar estableciendo límites en un entorno controlado y de apoyo. Las discusiones sobre situaciones hipotéticas (cómo decir "no" a demandas no deseadas y pedir ayuda) brindan a los niños un conjunto de herramientas, como respuestas, listas para aplicarse en la vida real.

El efecto dominó de los límites saludables

Las lecciones aprendidas al modelar límites saludables se extienden más allá de la dinámica familiar inmediata. Los niños que comprenden y respetan los límites se convierten en adultos que navegan con confianza y empatía en las relaciones sociales, académicas y profesionales. Están equipados para afrontar los desafíos con resiliencia, comprendiendo sus derechos y respetando los de los demás.

En esencia, el don de establecer límites es uno de los legados más valiosos que un padre puede transmitir a sus hijos. Es una herramienta que permite a los niños proteger su bienestar, defender sus necesidades y relacionarse con los demás de una manera basada en el respeto y la comprensión mutuos. A medida que concluimos esta exploración del impacto del narcisismo en las familias y el poder de la resiliencia, la inteligencia emocional y el establecimiento de límites, recordamos las implicaciones más amplias de estas lecciones. No son sólo estrategias para afrontar una situación difícil, sino habilidades fundamentales que moldean la forma en que los niños se ven a sí mismos e interactúan con el mundo.

A continuación, analizaremos los aspectos prácticos de establecer y mantener estos límites, navegando por las complejidades de la crianza compartida con un narcisista y fomentando entornos donde los niños puedan prosperar a pesar de estos desafíos.

Capítulo 3

Abordar la comunicación con cuidado

En la danza de la crianza compartida con un ex narcisista, dominar los pasos de la comunicación puede resultar parecido a recorrer un campo minado con los ojos vendados. Cada palabra, cada pausa y cada respuesta tienen el potencial de disipar la tensión o intensificar el conflicto. En este delicado equilibrio, el Método de la Piedra Gris emerge como la mejor estrategia, ofreciendo una manera de participar sin encender las llamas del suministro narcisista. En este capítulo analizaremos las capas de este enfoque y te guiaremos a través del matizado arte de la comunicación para mantener la paz y proteger tu bienestar emocional.

Implementación segura del método de la piedra gris

El método de la piedra gris: una visión general

Imagina por un momento una piedra gris: anodina, sin interés, mezclándose con el fondo. Ahora tu objetivo, cuando trates con tu ex narcisista, es convertirte en el equivalente emocional de una piedra gris. Ésta es la esencia del método de la piedra gris: volverse emocionalmente insensible, aburrido y tan poco comprometido como sea posible para evitar convertirse en blanco de manipulación o conflicto. No se trata de volverse pasivo, sino de elegir cuándo y cómo participar de una manera que preserve tu energía emocional. Es un estilo de comunicación que debes aprender para llegar al otro lado de todo esto. No debes permitir que tu ex narcisista te vea reaccionar; no debes participar reactivamente. Debes permanecer indiferente (exteriormente) y convertirte una la piedra gris. Si el narcisista te ve reaccionar, excita, anima y alimenta su comportamiento tóxico. Se aburrirá y perderá su interés si tú no te ves afectado exteriormente por sus acciones.

Cuándo utilizar el método de la piedra gris

El método de la piedra gris brilla por su capacidad para minimizar el compromiso emocional en situaciones en las que la comunicación directa puede provocar conflictos o daños emocionales. Es particularmente útil en conversaciones que sean:

- Propensas a la escalada por cuestiones menores.

- Centradas en temas donde el ex narcisista busca provocar o conseguir una respuesta emocional específica.

- Intentos repetidos del narcisista de arrastrarte a un drama innecesario.

No es una solución única ni está pensada para todas las interacciones. Su poder radica en la aplicación selectiva, especialmente en escenarios donde involucrarse emocionalmente no ofrece ningún beneficio y sólo sirve para alimentar los comportamientos del narcisista.

Cómo implementar el método de la piedra gris

La aplicación de este método implica una elección consciente de no compromiso a nivel emocional, manteniendo la comunicación necesaria sobre las responsabilidades de copaternidad. Esto requerirá práctica de tu parte. A continuación te explico cómo implementarlo de forma eficaz:

- **Mantén las respuestas breves y objetivas**: cuando hablen acerca de la logística de la crianza compartida, cíñete a los hechos. Si te hacen una pregunta, proporciona una respuesta directa y concisa sin más detalles.

- **Evita temas personales**: mantente alejado de discusiones sobre vida personal, sentimientos o cualquier otra cosa que no esté directamente relacionada con las obligaciones de copaternidad. Si surgen estos temas, redirige cortésmente la conversación hacia el asunto.

- **Mantén un tono neutral**: utiliza un tono de voz tranquilo y uniforme. Las reacciones emocionales, ya sean positivas o negativas, pueden alentar nuevos intentos de interrogatorio o manipulación.

- **Practica el desapego**: antes de comunicarte, tómate un momento para prepararte para permanecer mentalmente desapegado. Visualízate como un observador y no como un participante ante cualquier drama emocional.

Desafíos y consideraciones

Si bien el método de la piedra gris puede ser una herramienta eficaz, presenta desafíos. Se requiere práctica y paciencia para dominarlo, y puede haber ocasiones en las que parezca contradictorio reprimir las respuestas emocionales. Además, es importante controlar el impacto de este método en ti. Mantener un desapego emocional de manera constante, especialmente con alguien con quien alguna vez compartiste una relación cercana, puede ser agotador.

También es crucial considerar las perspectivas de los niños. No deberían sentir una falta de calidez o apoyo emocional de tu parte debido a la implementación de este método. Es fundamental equilibrar el método de la piedra gris en las interacciones con tu ex, asegurándote de que tus hijos reciban el compromiso emocional que necesitan de ti.

Elemento interactivo: ejercicio de autorreflexión

Mantener la calma y no reaccionar cuando surge algo indignante es difícil; muy difícil. Anotar tus sentimientos y experiencias inmediatamente después de implementar el método de la piedra gris puede resultarte de gran ayuda. Te permitirá un espacio para reaccionar y expresar tu enojo, ansiedad y frustración.

Las siguientes preguntas pueden ayudarte a reflexionar y procesar tus experiencias al utilizar el método de la piedra gris:

- "¿En qué situaciones encontré más efectivo el método de la piedra gris?"

- "¿Cómo me sentí antes, durante y después de implementar el método de la piedra gris?"

- "¿Qué desafíos enfrenté al permanecer emocionalmente desapegado y cómo podría abordarlos en el futuro?"

Transitar por la crianza compartida con un ex narcisista exige un enfoque de comunicación cuidadoso y reflexivo. El método de la piedra gris, cuando se utiliza con prudencia, ofrece una manera de interactuar sin exacerbar el conflicto, preservando tu bienestar emocional en el proceso. Sin embargo, es sólo una herramienta dentro de una estrategia más amplia de gestionar las interacciones con un narcisista. A medida que avancemos, exploraremos técnicas y enfoques adicionales para fortalecer tu arsenal de comunicación, asegurándonos de que estés preparado para manejar los desafíos de la crianza compartida con calma, claridad y confianza.

Establecer y mantener límites a través de la comunicación

En la intrincada dinámica de la crianza compartida con un ex narcisista, establecer límites no es simplemente una estrategia; es un pilar fundamental que sostiene la estructura de una interacción saludable. Los límites claros son absolutamente necesarios; son innegociables. Ahora veremos cómo crear, establecer y hacer cumplir límites saludables que fomenten una relación de paternidad compartida respetuosa y manejable.

El marco de los límites

Los límites en la comunicación sirven como líneas invisibles que definen los límites aceptables de interacción. Son los parámetros dentro de los cuales florece el diálogo saludable y se limitan las interacciones tóxicas. Para establecerlos, primero debemos identificar qué comportamientos son aceptables y cuáles no. Este discernimiento es primordial. Puede variar desde el tono de voz utilizado en las conversaciones hasta los temas prohibidos o la frecuencia de la comunicación. Debes tomarte tu tiempo y elaborar una lista exhaustiva.

La conversación inicial

El primer paso para establecer límites implica comunicar estos límites a nuestra expareja narcisista. Esta conversación debe planificarse con una mentalidad clara y tranquila. Asegúrate de estar bien preparado y organizado antes de entablar esta conversación. Es una buena idea tener todo por escrito para asegurarte de dejar claras tus expectativas. Comienza afirmando el objetivo compartido de priorizar el bienestar de los niños. Luego, articula los límites que estás estableciendo, por qué son necesarios y cómo contribuirán a mejorar la paternidad compartida. Aquí es crucial hablar con declaraciones en primera persona, como "yo siento" o "necesito", para apropiarte de tus límites sin culpar a nadie.

La consistencia es clave

La prueba de los límites reside en su mantenimiento. Los individuos narcisistas casi siempre pondrán a prueba estos límites repetidamente; por lo tanto, la coherencia a la hora de hacerlos cumplir es crucial. Si se cruza un límite, refiérete la conversación inicial y los límites acordados. Nuevamente, sería útil tener estos límites por escrito como referencia para ambas partes. El refuerzo constante a través de respuestas tranquilas y firmes solidifica estos límites con el tiempo.

Ajustes y flexibilidad

Si bien la coherencia es crucial, también lo es la adaptabilidad. La imprevisibilidad de la vida puede requerir ajustes en los límites previamente establecidos. Cuando sean necesarios cambios, abórdalos con la misma claridad y respeto que en la conversación inicial sobre el establecimiento de límites. Explica las razones de los ajustes y mantente abierto al diálogo, garantizando que los cambios continúen respondiendo al interés de los niños en primer lugar.

Estrategias para la comunicación de límites

- **Actualizaciones programadas**: establece instancias regulares para discutir asuntos de crianza compartida, reduciendo la necesidad de una comunicación constante de ida y vuelta.

- **Acuerdos por escrito**: tener un registro escrito de los límites acordados proporciona un punto de referencia preciso para ambas partes, lo que resulta útil para aclarar disputas.

- **Espacios neutrales**: elegir un entorno neutral para las discusiones sobre los límites puede reducir la carga emocional, haciendo que sea más fácil enfocarse en los temas a tratar.

Manejo de la resistencia

La resistencia es una respuesta típica, especialmente de un ex narcisista, cuando se establecen nuevos límites. Al enfrentarte a la resistencia, mantén la calma y redirige la conversación al enfoque principal: el bienestar de los niños. Contar con un mediador presente durante estas discusiones puede ser beneficioso para mantener el enfoque y la neutralidad.

Autocuidado y apoyo

Establecer y mantener límites con un ex narcisista puede ser emocionalmente agotador. Priorizar el cuidado personal y buscar apoyo de amigos, familiares o profesionales puede proporcionarte la resiliencia emocional necesaria para afrontar esta tarea. Recuerda, establecer límites no se trata sólo de crear un entorno de crianza compartida más saludable; también se trata de preservar tu bienestar. Tratar con un narcisista es increíblemente agotador; asegúrate de priorizar tu cuidado personal. Debes ser fuerte para abogar por tus hijos.

El rol de la empatía

Si bien puede parecer contradictorio, la empatía puede ser una herramienta valiosa para establecer límites con un ex narcisista. Comprender su perspectiva (sin tolerar comportamientos inapropiados) puede aportar estrategias de comunicación más efectivas. Por ejemplo, reconocer un deseo de control, puede llevar a ofrecer opciones limitadas en lugar de preguntas abiertas, satisfaciendo su necesidad de influencia y al mismo tiempo protegiendo los límites fundamentales.

La perspectiva de los niños

En todas las discusiones y estrategias en torno al establecimiento de límites, siempre ten en cuenta el impacto que esto tendrá en los niños. Ellos nunca deben quedar atrapados en medio de disputas sobre límites. En lugar de eso, comunícales la importancia de estos límites para crear un entorno estable y predecible para ellos. Esto no solo protege a los niños, sino que también les enseña prácticas saludables de comunicación y establecimiento de límites que podrán implementar en sus propias relaciones.

Empoderar a los niños con conversaciones apropiadas para su edad sobre los límites también puede brindarles una sensación de seguridad y control. Enséñales que tienen derecho a establecer límites personales y a comunicarlos de manera respetuosa.

En resumen, establecer y mantener límites en la comunicación con un ex narcisista es un proceso delicado y continuo que requiere claridad, coherencia y un compromiso con el bienestar de todos los involucrados. A través de una planificación cuidadosa, una comprensión empática y un refuerzo constante, es posible crear una dinámica de coparentalidad que respete las necesidades individuales, anteponiendo siempre la salud y la felicidad de los niños.

Técnicas para intercambios neutrales basados en hechos

En el terreno de la crianza compartida con un ex narcisista, el camino hacia una comunicación pacífica y productiva a menudo se encuentra en el enfoque de los intercambios neutrales y basados en hechos. Este método enfatiza la importancia de ceñirse a los hechos, evitar el lenguaje emocional y mantener un tono neutral. Es una estrategia diseñada para reducir el conflicto y fomentar un entorno de copaternidad donde se minimicen los malentendidos y el bienestar de los niños esté en primer plano.

La base de la comunicación basada en hechos

La comunicación basada en hechos resume las conversaciones en la información esencial necesaria para una crianza compartida eficaz. Este enfoque implica:

- Discutir horarios, logística y necesidades de los niños sin comentarios personales.

- Compartir actualizaciones relevantes sobre la salud, la educación y el bienestar de los niños de manera sucinta.

- Realizar solicitudes o cambios en los acuerdos de coparentalidad de manera directa e inequívoca.

Este método no elimina la necesidad de empatía o comprensión; más bien, agiliza la comunicación para centrarse en las responsabilidades de la crianza compartida, dejando de lado los posibles desencadenantes de conflictos.

Estrategias para mantener la neutralidad

Mantener un tono neutral no siempre es intuitivo, especialmente en situaciones cargadas de emociones. Sin embargo, varias estrategias pueden facilitar este enfoque:

- **Preparación**: antes de iniciar la comunicación, tómate un momento para delinear los puntos que necesitas cubrir. Esto ayuda a mantener el rumbo y evitar desvíos hacia terrenos emocionales.

- **Haz una pausa antes de responder**: si un mensaje de tu ex pareja provoca una reacción emocional, tómate tiempo para procesar estos sentimientos por separado antes de elaborar tu respuesta. Esta pausa puede prevenir la escalada de emociones.

- **Lenguaje consciente**: elige tus palabras con cuidado para evitar provocaciones involuntarias. Las frases que comienzan con "Me di cuenta" o "He observado" pueden presentar los hechos sin implicar culpas o juicios.

Ejemplos de intercambios neutrales

Para visualizar cómo se desarrollan los intercambios neutrales basados en hechos, considera los siguientes ejemplos:

- En lugar de decir: "Siempre me devuelves tarde a los niños los fines de semana", intenta decir: "La hora acordada para devolver a los niños es a las 7 de la tarde. Asegurémonos de cumplir con los horarios para mantener su rutina".

- Reemplaza: "Nunca me informas sobre las reuniones de padres y maestros" por "Ambos debemos estar informados sobre las reuniones de padres y maestros. Mantengámonos al tanto de ahora en adelante".

Estas declaraciones reformuladas se centran en el tema en cuestión, sin lenguaje acusatorio, allanando el camino para un diálogo constructivo.

El papel de la comunicación escrita

En muchos casos, la comunicación escrita es ideal para intercambios neutrales. Permite tomarse tiempo para pensar y revisar, asegurando que el mensaje permanezca enfocado y sea objetivo. Además, los registros escritos pueden ser invaluables para mantener la claridad y la responsabilidad sobre los acuerdos y discusiones. Aquí es donde las aplicaciones de coparentalidad pueden ser un recurso valioso y de gran ayuda. Al optar por la comunicación escrita puedes hacerlo a través de:

- **Correos electrónicos y mensajes de texto**: utilízalos para la programación, actualizaciones y asuntos no urgentes, manteniendo el lenguaje claro y directo.

- **Herramientas de en línea de copaternidad:** las plataformas diseñadas para la crianza compartida pueden agilizar la comunicación, proporcionando formas estructuradas de compartir información, cambios de horarios y gestión financiera, todo mientras se enfocan en las necesidades de los niños.

Transitando por temas difíciles

Incluso con un compromiso de neutralidad, ciertos temas pueden tener un peso emocional inherente. En estas situaciones:

- **Reconoce las emociones sin enfocarte en ellas**: reconoce que algunas discusiones pueden evocar sentimientos, pero reitera la necesidad de resolver el asunto de manera constructiva.

- **Busca apoyo externo si es necesario**: para temas que repetidamente conducen a conflictos, considera involucrar a un tercero neutral, como un mediador o un tutor ad litem, para facilitar el diálogo.

Comentarios y reevaluación

La comunicación eficaz es un proceso dinámico que requiere ajustes y retroalimentación continuos. Periódicamente, tómate el tiempo para:

- **Evaluar la eficacia**: reflexiona sobre los intercambios recientes para identificar qué funciona y qué no. Esto puede implicar una reflexión personal o retroalimentación de asesores de confianza.

- **Realizar ajustes de acuerdo a lo necesario**: debes estar dispuesto a probar diferentes enfoques o métodos de comunicación si ciertas estrategias no están dando los resultados deseados. La flexibilidad puede llevar a descubrir formas más efectivas de comunicarse.

Al adoptar intercambios neutrales y basados en hechos, los co-padres pueden crear un panorama de comunicación que se centre en criar juntos a sus hijos de forma eficaz. Este enfoque minimiza la fricción emocional que a menudo se encuentra en la crianza compartida con un ex narcisista, fomentando una relación de crianza compartida más armoniosa y constructiva.

Utilización de la tecnología para gestionar la comunicación y minimizar el contacto

En la era digital, la tecnología emerge como un poderoso aliado para afrontar las complejidades de la crianza compartida con un ex narcisista. El uso estratégico de herramientas digitales agiliza el necesario intercambio de información y reduce la necesidad de contactos directos, potencialmente conflictivos. Esta sección explora cómo se pueden aprovechar diversas soluciones tecnológicas para fomentar un entorno de crianza compartida más manejable y con menos carga emocional.

Plataformas digitales para la crianza compartida

En la actualidad existe una gran cantidad de aplicaciones dedicadas a la crianza compartida, diseñadas con el objetivo específico de facilitar la comunicación entre padres separados. Estas plataformas son espacios centralizados donde se pueden programar citas, compartir documentos importantes, actualizar información educativa y realizar un seguimiento de los gastos sin interacción directa. Al usar estas herramientas, creas un registro de comunicación documentado, que puede ser invaluable para mantener la claridad y la responsabilidad. Algunas características destacadas de las mismas incluyen:

- **Calendarios compartidos**: que permiten visualizar los horarios de los niños, facilitando la coordinación entre hogares. Además, garantizan que cada padre conozca los días y horarios de las actividades de los niños. Hay muchos calendarios compartidos disponibles, dos de los más populares son el calendario de Apple o el de Google.

- **Almacenamiento de documentos**: los registros vitales, como informes médicos, informes escolares y horarios extracurriculares, se pueden cargar para acceso compartido, lo que garantiza que ambos padres tengan la información necesaria al alcance de la mano. Hay varias plataformas disponibles para esto. Dropbox es muy popular y, para casos más conflictivos, los padres pueden preferir usar una aplicación como Our Family Wizard o Talking Parents.

- **Seguimiento de gastos**: muchas aplicaciones ofrecen funciones para registrar y gestionar gastos compartidos, agilizando el proceso y reduciendo las disputas sobre contribuciones financieras.

Apps para la crianza compartida:

Hay muchas aplicaciones disponibles. Te recomiendo que investigues por tu cuenta para encontrar la aplicación que mejor se adapte a tus necesidades específicas. A continuación, se mencionan algunas de las aplicaciones más populares en el mercado, pero hay muchas opciones para elegir.

Recomendadas para crianza compartida y crianza paralela de alto conflicto:

Our Family Wizard www.ourfamilywizard.com

Aprobada por el tribunal y recomendada por muchas prácticas de derecho de familia. Todo queda registrado con fecha y hora y no se puede eliminar nada.

Sus características principales incluyen un calendario compartido, videollamadas y llamadas tradicionales, mensajes, gestión de gastos, un archivo de información importante, un diario para documentar cualquier eventualidad y un medidor de tono para mantener todas las comunicaciones civilizadas.

Talking Parents www.talkingparents.com

Sus características principales incluyen llamadas responsables, mensajería segura, registros inalterables, calendario compartido, pagos responsables, una biblioteca de información, un diario personal y una biblioteca de archivos adjuntos.

Otras aplicaciones altamente recomendadas son:

2Houses www.2houses.com

Sus características principales incluyen un calendario compartido, un archivo de información, un rastreador de finanzas y un diario.

Appclose www.appclose.com

Sus características principales incluyen un calendario compartido, un centro de mensajería segura donde los mensajes no se pueden eliminar, un centro de solicitudes, llamadas de audio y video y un centro de gastos.

CoPartner www.coparenter.com

Sus características principales incluyen mediación, registros, un calendario compartido y registros.

Servicios de mensajería selectiva

Los servicios de mensajería selectiva ofrecen una alternativa para los padres que prefieren no utilizar una aplicación dedicada a la copaternidad. El correo electrónico o aplicaciones de mensajería específicas pueden designarse como único medio para la comunicación de temas de copaternidad. Este enfoque permite lo siguiente:

- **Comunicación filtrada**: al dedicar una plataforma específica para las discusiones sobre paternidad compartida, pueden mantener más fácilmente un tono profesional y mantener la conversación centrada en las necesidades de los niños.

- **Interacciones documentadas**: al igual que las aplicaciones de crianza compartida, estos servicios registran todos los intercambios, lo que puede ayudar a resolver malentendidos o proporcionar evidencia de acuerdos.

Crear un protocolo de comunicación

Para maximizar los beneficios de la tecnología en la crianza compartida, es útil establecer un protocolo de comunicación. Este acuerdo describe qué plataformas se utilizarán, los tipos de información que se compartirán a través de cada una y pautas para los tiempos de respuesta. Cuando sea posible, elaborar este protocolo junto con tu expareja puede garantizar el entendimiento y el cumplimiento mutuos. También podría ser beneficioso que tu abogado y/o el tutor ad litem (GAL) te ayuden a negociar esto. Las consideraciones clave incluyen:

- **Elegir las herramientas adecuadas**: decidir juntos las aplicaciones o servicios más adecuados en función de sus necesidades específicas de crianza compartida.

- **Establecer expectativas**: acuerden expectativas razonables sobre la rapidez con la que se deben reconocer y responder los mensajes.

- **Planes de emergencia**: detallen cómo y cuándo comunicarse en caso de emergencia, asegurando que ambos padres estén informados de inmediato.

El rol de la configuración de privacidad

La privacidad y la seguridad son aspectos clave a considerar al utilizar tecnología para la comunicación entre co-padres. Asegúrate de que todas las plataformas elegidas cuenten con configuraciones de privacidad sólidas y que los datos personales estén protegidos. Esto incluye:

- **Protección con contraseña**: utiliza contraseñas seguras y únicas para todas las plataformas y servicios de crianza compartida.

- **Configuración de privacidad**: familiarízate con las configuraciones de privacidad de cada plataforma y ajústalas para salvaguardar tu información.

- **Uso compartido seguro de documentos**: cuando compartas documentos sensibles, usa servicios de encriptación y acceso seguro.

Fomentar la participación de los niños

A medida que los niños crecen, sus opiniones sobre los acuerdos de copaternidad se vuelven cada vez más valiosas. La tecnología puede facilitar su participación de una manera que respete su autonomía y al mismo tiempo mantenga informados a ambos padres. Por ejemplo:

- **Inclusión en la programación**: los niños mayores pueden tener acceso para ver el calendario compartido, lo que les permite mantenerse informados y, cuando sea apropiado, expresar sus preferencias o inquietudes.

- **Canales de comunicación directa**: establecer una línea de comunicación directa y segura entre los niños y cada uno de sus padres garantiza que puedan comunicarse cuando necesiten apoyo, consejo o simplemente compartir su día.

Al aprovechar la tecnología para gestionar la comunicación de crianza compartida, el objetivo es crear un entorno donde las necesidades logísticas e informativas se satisfagan de manera eficiente y respetuosa. Minimizar el contacto directo reduce el potencial de conflicto y tensión emocional, allanando el camino para una relación de paternidad compartida más armoniosa. Es una estrategia que beneficia a los padres y proporciona a los niños una sensación de estabilidad y paz, sabiendo que su bienestar será la prioridad que guíe estas elecciones.

Cómo manejar la comunicación manipuladora: qué hacer y qué evitar

En el ámbito de la crianza compartida con un ex narcisista, es común encontrarse con una comunicación cargada de intenciones manipuladoras. Identificar y gestionar estos intentos no sólo es beneficioso; es vital para mantener una sensación de equilibrio y salvaguardar el entorno emocional tanto para ti como para tus hijos.

La comunicación manipuladora puede adoptar diversas formas, desde hacerte sentir culpable hasta el gaslighting, y a menudo tiene como objetivo desestabilizarte, hacerte cuestionar tus percepciones o forzarte a cumplir con sus deseos. Reconocer estas tácticas es el primer paso para desactivarlas. A continuación, te presento algunos consejos prácticos sobre qué hacer y qué evitar al manejar la comunicación manipuladora, diseñados para que puedas responder con confianza y claridad.

Reconocer las señales de manipulación

Antes de sumergirnos en las estrategias, es crucial reconocer la manipulación. Los signos incluyen intentos de provocar culpa, trasladar la culpa, tergiversar los hechos o hacerse la víctima. Cuando percibas que surgen estos patrones, es una señal para proceder con cautela y emplear las estrategias que se describen a continuación.

Qué hacer:

- **Mantén el enfoque en el tema**: cuando las discusiones se desvíen hacia un territorio manipulador, dirige suavemente la conversación hacia el tema central. Este enfoque ayuda a evitar caer en torbellinos emocionales que distraen de la resolución de asuntos de copaternidad.

- **Responde, no reacciones**: permítete dar un paso atrás y responder de manera reflexiva en lugar de reaccionar impulsivamente. Este espacio te permitirá evaluar la situación y decidir cuál es la acción más constructiva.

- **Pide aclaraciones**: si sospechas que te están queriendo manipular, pedir una aclaración puede ser poderoso. Esto obliga a la otra parte a explicar sus afirmaciones con mayor claridad, revelando a menudo la intención manipuladora o la confusión que hay detrás de ellas.

- **Utiliza declaraciones en primera persona**: expresar tus pensamientos y sentimientos mediante declaraciones en primera persona, puede ayudarte a asumir la responsabilidad por tus respuestas y reducir las reacciones defensivas de la otra parte.

- **Documenta las interacciones sospechosas**: mantener un registro de las interacciones que te parecieron manipuladoras puede ser útil para la reflexión personal, la comprensión de patrones y, si es necesario, para fines legales.

- **Utiliza una app de crianza compartida**: el uso de una app de crianza compartida documentará todas las comunicaciones y, en aplicaciones como Our Family Wizard, incluso existe un mecanismo para detectar el tono de las comunicaciones enviadas. Esto puede ser de gran ayuda para mantener la paz y eliminar la capacidad de manipulación de tu ex.

Qué evitar:

- **Responder con la misma moneda**: evita la tentación de responder a tácticas de manipulación con más manipulación de tu parte. Este enfoque sólo intensifica los conflictos y resta valor a la resolución productiva. Siempre que sea posible, toma el camino correcto. Antes de enviar un mensaje de texto o un correo electrónico, pregúntate: ¿cómo me sentiría si mis hijos leyeran esto? ¿Cómo me sentiría si el tribunal de familia leyera esto?

- **Ignorar tus instintos**: si algo te parece mal, confía en tus instintos. Descartar tus instintos puede llevarte a pasar por alto comportamientos manipuladores que de otro modo podrían haberse abordado.

- **Dejarte arrastrar por argumentos emocionales**: la comunicación manipuladora a menudo tiene como objetivo provocar una reacción emocional. Resiste la tentación de participar en discusiones cargadas de emociones e improductivas. Utiliza el método de la piedra gris.

- **Explicar o justificar demasiado**: ofrecer explicaciones o justificaciones excesivas de tus decisiones o sentimientos puede dar a las personas manipuladoras más influencia para discutir o tergiversar tus palabras. Mantén las explicaciones concisas y basadas en hechos.

- **Olvidarte de priorizar tu cuidado personal**: manejar la comunicación manipuladora puede resultar agotador. Priorizar tu cuidado personal es esencial para mantener la fuerza emocional necesaria para gestionar estas interacciones de manera efectiva.

Gestionar la comunicación manipuladora de manera efectiva requiere conciencia, autocontrol y respuestas estratégicas. Al implementar estos consejos sobre qué hacer y qué evitar, podrás manejar mejor los desafíos de coparentar con un ex narcisista, fomentando un ambiente de comunicación más saludable tanto para ti como para tus hijos.

Al cerrar este capítulo, las estrategias presentadas ofrecen una hoja de ruta para navegar en las aguas, a menudo turbulentas, de la crianza compartida con una ex pareja narcisista. Desde adoptar el método de la piedra gris hasta implementar límites claros, mantener intercambios neutrales, aprovechar la tecnología y gestionar la comunicación manipuladora, cada herramienta protege tu bienestar emocional y promueve una relación de paternidad compartida más armoniosa. A medida que avancemos, recuerda que el objetivo final sigue siendo el mismo: garantizar el bienestar y la felicidad de tus hijos mientras navegas por las complejidades de la coparentalidad con fortaleza, resiliencia y claridad.

Capítulo 4

Marcos legales y estabilidad financiera: transitando por el laberinto

E ntrar en los aspectos legales y financieros de la crianza compartida con un ex narcisista puede parecer como transitar por un laberinto intrincado sin una salida a la vista. Los giros y vueltas, los callejones sin salida y las sorpresas ocasionales pueden hacer que te sientas perdido y abrumado. Sin embargo, con el mapa y la brújula adecuados (en forma de conocimientos y estrategias), el camino se vuelve más evidente y el viaje, aunque desafiante, conduce a un lugar de empoderamiento y seguridad tanto para ti como para tus hijos.

Documentar el comportamiento narcisista con fines legales

En el contexto de los litigios, la pluma resulta más poderosa que la espada. Documentar los casos de comportamiento narcisista y su impacto en la crianza compartida no se trata de llevar un registro de los agravios, sino de tener una base fáctica para respaldar tu caso en el tribunal o en las sesiones de mediación. Se trata de presentar una explicación objetiva y basada en hechos para el sistema legal, respaldada en gran medida de evidencia tangible para tomar decisiones informadas.

Por qué es importante la documentación

Las pruebas son fundamentales en cualquier disputa legal, especialmente aquellas que involucran acuerdos de custodia o paternidad compartida. La principal preocupación del tribunal es el bienestar de los niños involucrados, y las decisiones se toman en función de qué arreglo servirá mejor a sus intereses. Documentar casos de comportamiento manipulador, negligente o abusivo por parte de una expareja narcisista puede subrayar las preocupaciones sobre sus capacidades parentales y el impacto en los niños. Poder proporcionar al tribunal un historial bien documentado de mensajes de texto y/o correos electrónicos abusivos, manipuladores e incitadores, es muy útil.

Qué documentar

- **Interacciones directas**: mantén registros de todas las formas de comunicación, incluidos mensajes de texto, correos electrónicos y notas de llamadas telefónicas, especialmente aquellas que muestren tácticas de manipulación, falta de cooperación en la copaternidad o impacto directo en los niños.

- **Patrones de comportamiento**: anota las fechas y los detalles de cualquier acción que demuestre una falta de cooperación en la crianza compartida, incumplimiento de los planes de crianza acordados o casos en los que el comportamiento narcisista afectó directamente a los niños.

- **Respuestas de los niños**: las observaciones de cambios en el comportamiento o el estado emocional de los niños después de las interacciones con el padre narcisista pueden ser significativas. Esto podría incluir signos de estrés, ansiedad o renuencia a pasar tiempo con el otro padre.

Cómo organizar la documentación

- **Registros cronológicos**: mantén un diario o registro en orden cronológico. Esto facilita la referencia a instancias específicas y muestra patrones a lo largo del tiempo. Es útil mantener estos registros utilizando una aplicación o software que registre las entradas con una marca de tiempo y evite que los mensajes se editen y/o eliminen.

- **Registros electrónicos**: utiliza herramientas y aplicaciones digitales diseñadas para el mantenimiento de registros. Muchas ofrecen entradas con marca de fecha y la posibilidad de cargar capturas de pantalla o fotografías, lo que proporciona una forma segura y organizada de almacenar la documentación. Ésta es la mejor manera de garantizar un registro objetivo y verificable de las interacciones.

Consideraciones legales

Antes de grabar conversaciones para documentar los comportamientos, es fundamental comprender los aspectos legales involucrados. Las leyes relativas a la grabación de conversaciones varían según el país, o el estado, y las acciones percibidas como invasivas podrían dañar tu caso. Consulta con un profesional legal para asegurarte de que tus métodos de documentación sean legalmente sólidos y sean admisibles en los tribunales.

Documentar el comportamiento narcisista con fines legales requiere un enfoque sistemático e informado. Una vez más, pedirle al tribunal que nombre un tutor ad litem (GAL) puede resultar excepcionalmente útil. Los GAL han visto y tratado con padres narcisistas antes y rápidamente pueden ver la situación con claridad. Al registrar sistemáticamente interacciones y comportamientos relevantes, construyes una base de evidencia que puede respaldar tu caso, resaltando las preocupaciones por el bienestar de tus hijos y garantizando que tus intereses estén protegidos en los procedimientos legales. Nuevamente, antes de grabar cualquier conversación, consulta con un abogado para confirmar que esto sea legal; si no es legal, no grabes ninguna conversación. Este es un paso proactivo hacia el establecimiento de un acuerdo de crianza compartida que priorice la seguridad y la salud emocional de tus hijos, brindándoles el ambiente estable y afectuoso que merecen.

Estrategias para gestionar las finanzas y las cuestiones de manutención infantil

Las disputas financieras a menudo presentan un desafío importante en el ámbito de la paternidad compartida, especialmente cuando una de las partes exhibe rasgos narcisistas. La manipulación de las finanzas y la manutención de los hijos pueden convertirse en una herramienta de control, creando una red compleja de desafíos que requieren un manejo estratégico. Para gestionar estas complejidades de forma eficaz, es necesario un enfoque multifacético que garantice la estabilidad financiera del acuerdo de coparentalidad y al mismo tiempo salvaguarde el bienestar de todas las partes involucradas.

Comprender la manipulación financiera

En primer lugar, es crucial reconocer los signos de manipulación financiera. Esto podría ir desde retrasar los pagos de manutención infantil como medio para ejercer control, hasta gastos extravagantes durante las visitas para ganarse el afecto del niño, eclipsando las contribuciones financieras más mesuradas del otro padre. Reconocer estas tácticas es el primer paso para contrarrestarlas, sentando las bases para una dinámica de coparentalidad financiera más equilibrada y menos conflictiva.

Cómo conseguir un acuerdo claro de manutención infantil

Un acuerdo de manutención infantil legalmente vinculante constituye la piedra angular de un acuerdo financiero estable. Este acuerdo debe detallar el monto, la frecuencia y el método de los pagos de manutención infantil, considerando las necesidades del niño y las capacidades financieras de ambos padres. Es recomendable trabajar con profesionales legales para redactar este acuerdo, asegurando que sea correcto y ejecutable.

- **Documentación legal**: asegúrate de que todos los acuerdos estén documentados y legalizados para evitar futuras discrepancias o disputas.

- **Ajustes a lo largo del tiempo**: deben reconocer que las necesidades del niño y la situación financiera de los padres pueden cambiar, lo que requerirá ajustes en el acuerdo. Es conveniente incluir disposiciones para revisiones y modificaciones periódicas.

Implementación del seguimiento financiero

El seguimiento preciso de los pagos de manutención infantil y los gastos relacionados es vital. Proporciona un registro transparente para ayudar a resolver disputas y a hacer cumplir las responsabilidades financieras.

- **Uso de aplicaciones financieras**: existen numerosas aplicaciones diseñadas para realizar un seguimiento de los pagos de manutención infantil, gastos médicos, costos educativos y otros gastos relacionados con los niños. Estas herramientas pueden simplificar el mantenimiento de registros y proporcionar un fácil acceso a los datos financieros para ambos padres.

- **Recibos y facturas**: mantén un archivo de recibos, facturas y otra documentación relacionada con los gastos de los niños. Esta práctica es beneficiosa tanto para el mantenimiento de registros como para fines fiscales. Muchas aplicaciones para padres mencionadas en este libro tienen la funcionalidad de permitirte cargar recibos y realizar un seguimiento de los gastos.

Crear un presupuesto para gastos relacionados con los niños

Un presupuesto bien estructurado para los gastos relacionados con los niños sienta una base clara para la planificación financiera. Ayuda a anticipar costos futuros y garantiza que ambos padres contribuyan de manera justa a la educación de sus hijos.

- **Planificación colaborativa**: siempre que sea posible, involucra al otro padre en la planificación presupuestaria. Hacerlo puede ayudar a alinear expectativas y responsabilidades.

- **Fondo de emergencia**: considera reservar un fondo de emergencia para gastos imprevistos relacionados con los niños. Esto puede aliviar el estrés financiero y evitar conflictos de último momento por costos inesperados.

Cómo lidiar con retrasos y falta de pago

A pesar de contar con un acuerdo claro y explícito, puede haber casos de retrasos en los pagos o incumplimiento. Al tratar con narcisistas, no es raro que utilicen las finanzas y los pagos de manutención infantil como arma, así que prepárate para eso. Manejar estas situaciones requiere una combinación de paciencia y asertividad.

- **Comunicación directa**: inicialmente, aborda el problema directamente con el otro padre. Un recordatorio respetuoso sobre el acuerdo y su importancia para el bienestar del niño podría resolver fallos temporales.

- **Cumplimiento legal**: si el incumplimiento persiste, existen mecanismos legales para hacer cumplir los acuerdos de manutención infantil. Familiarízate con estos procesos y, si es necesario, busca asesoramiento legal para lograr el cumplimiento.

Independencia financiera y autosuficiencia

Si bien la manutención de los hijos es esencial, cultivar la independencia financiera y la autosuficiencia añade una capa adicional de seguridad. No se trata de disminuir las responsabilidades financieras del otro padre, sino de garantizar la estabilidad independientemente de la dinámica de coparentalidad.

- **Diversificación de ingresos**: explora oportunidades para la diversificación de ingresos. Esto podría incluir oportunidades laborales adicionales, proyectos paralelos o inversiones.

- **Educación financiera**: invierte en tu educación financiera. Comprender los presupuestos, los ahorros, las inversiones y la planificación financiera fortalecerá tu capacidad para administrar las finanzas con confianza e independencia.

Navegar por el terreno financiero de la crianza compartida con una expareja narcisista exige un enfoque estratégico e informado. Al establecer acuerdos claros, mantener registros financieros meticulosos y fomentar un entorno de educación financiera e independencia, podrás crear una base estable que respalde el bienestar y el futuro de tus hijos. Esto refuerza la importancia de la resiliencia, la comunicación y la planificación proactiva para garantizar un acuerdo de crianza compartida armonioso y financieramente estable.

Acuerdos de custodia con un ex narcisista

Elaborar un acuerdo de custodia cuando una de las partes exhibe rasgos narcisistas requiere un enfoque matizado. El objetivo principal siempre debe ser el bienestar de los niños, garantizando que sus necesidades sean satisfechas en un entorno estable. Aquí exploraremos estrategias para crear un acuerdo equilibrado, enfatizando la importancia de la orientación legal durante todo el proceso.

La preparación es clave

Una preparación minuciosa puede marcar una diferencia significativa antes de iniciar negociaciones o procedimientos judiciales. Esto incluye:

- **Comprender tus derechos**: familiarízate con tus derechos y obligaciones legales con respecto a la custodia en tu jurisdicción. El conocimiento es poder, y comprender el marco legal sienta una base sólida para las discusiones futuras.

- **Priorizar las necesidades de los niños**: delinea claramente qué arreglos respaldarán mejor las necesidades físicas, emocionales y educativas de tus hijos. Esto podría implicar consideraciones sobre su escolarización, actividades extracurriculares y sistemas de apoyo emocional.

- **Anticipar desafíos**: dada la naturaleza del comportamiento narcisista, anticipa posibles objeciones o manipulaciones por parte de tu expareja. Estar preparado para estos desafíos te permite abordarlos de manera más efectiva cuando surjan.

Buscar orientación legal

La complejidad de negociar la custodia con un ex narcisista a menudo requiere asesoramiento legal profesional. Un abogado de derecho de familia puede proporcionarte:

- **Experiencia**: un abogado con experiencia en el manejo de casos de custodia conflictivos puede ofrecerte asesoramiento invaluable adaptado a tu situación específica.

- **Defensa**: en el tribunal, tu abogado actuará como tu defensor, articulando tu caso de manera clara y efectiva para apoyar los intereses de tus hijos.

- **Apoyo en la mediación**: los abogados también pueden facilitar o recomendar mediadores profesionales capacitados para resolver disputas entre padres, evitando potencialmente la necesidad de acudir a los tribunales.

Estructuración del acuerdo

A la hora de redactar el acuerdo de custodia, ciertos elementos pueden ayudar a gestionar la relación de coparentalidad con un ex narcisista:

- **Disposiciones detalladas**: cuanto más específico sea el acuerdo, menos margen habrá para la manipulación o la mala interpretación. Incluye horarios detallados, arreglos de vacaciones y disposiciones para la comunicación.

- **Cláusulas de flexibilidad**: si bien la especificidad es crucial, incluir cláusulas que permitan ajustes a medida que los niños crezcan y sus necesidades cambien puede prevenir conflictos futuros.

- **Consideraciones de crianza paralela**: en situaciones en las que la crianza compartida cooperativa es inviable, los acuerdos de crianza paralela permiten que cada padre tenga relaciones independientes con sus hijos, minimizando el contacto directo entre los padres. Esto puede ser especialmente útil en los casos en que tu ex sea una persona narcisista. (La paternidad paralela se explicará en el próximo capítulo).

Estrategias de comunicación

La comunicación eficaz es vital para negociar e implementar un acuerdo de custodia. Las estrategias incluyen:

- **Propuestas escritas**: presentar tus sugerencias de custodia por escrito proporciona un punto de referencia preciso para las discusiones y negociaciones.

- **Lenguaje neutral**: utiliza un lenguaje objetivo y neutral en todas las comunicaciones para reducir posibles conflictos.

- **Intercambios documentados**: mantén un registro de todas las comunicaciones relacionadas con los acuerdos de custodia. Esta documentación puede ser crucial para resolver disputas o malentendidos.

Proteger el bienestar

Proteger tu bienestar emocional y el de tus hijos es primordial durante todo el proceso de negociación de la custodia. Las siguientes son algunas estrategias a considerar:

- **Prácticas de autocuidado**: participa en actividades regulares de autocuidado para controlar el estrés y mantener tu resiliencia emocional.

- **Sistemas de apoyo**: apóyate en tu red de amigos, familiares y profesionales para obtener asistencia emocional y práctica.

- **Apoyo para los niños**: asegúrate de que tus hijos tengan acceso a asesoramiento o grupos de apoyo si están teniendo dificultades con los cambios en la dinámica familiar.

Negociar un acuerdo de custodia con una expareja narcisista requiere un enfoque cuidadoso y bien preparado, respaldado por asesoramiento y apoyo legal. Al enfocarte en el bienestar de los niños, mantener una comunicación clara y proteger su estabilidad emocional, podrás navegar a través de este desafiante proceso de manera más efectiva, sentando las bases para un ambiente estable y de apoyo para tus hijos.

Proteger tus derechos legales y minimizar el conflicto

Hacer valer tus derechos legales frente a un ex narcisista no tiene que conducir inevitablemente a una escalada del conflicto. Es completamente factible mantenerte firme en tus fundamentos legales, abogando por tu bienestar y el de tus hijos y al mismo tiempo adoptar estrategias para reducir enfrentamientos innecesarios. Este delicado equilibrio exige un enfoque matizado y detallado, que combine la asertividad con una mentalidad estratégica y enfocada en la paz familiar.

Comprender tu situación legal

El primer paso en este proceso es comprender tus derechos legales y los derechos de los niños dentro del marco del derecho de familia. Este conocimiento actúa como escudo y brújula, guiando tus acciones y decisiones mientras proteges a tu familia de posibles extralimitaciones legales por parte de una expareja narcisista.

- **Consulta con un especialista en derecho de familia**: contrata los servicios de un abogado especializado en derecho de familia. Su experiencia puede arrojar luz sobre los detalles específicos de tu situación legal y asesorarte sobre el mejor curso de acción en los diversos escenarios.

- **Infórmate sobre las leyes locales**: cada jurisdicción tiene sus matices en derecho de familia. Toma la iniciativa de informarte sobre los estatutos y precedentes relevantes a tu situación. Este paso proactivo te permitirá tomar decisiones informadas.

Comunicación estratégica

En las interacciones con tu ex pareja narcisista, especialmente aquellas relacionadas con asuntos legales, la forma en que te comuniques puede afectar significativamente el potencial de conflicto. Esfuérzate por lograr una comunicación que sea directa, libre de ambigüedades y, al mismo tiempo, libre de provocaciones.

- **Utiliza la comunicación escrita**: siempre que sea posible, opta por el correo electrónico o los mensajes de texto cuando te comuniques sobre asuntos legales. Este enfoque proporciona un registro claro de lo que se dijo, lo que reduce la posibilidad de malas interpretaciones o manipulación.

- **Elige tus palabras con cuidado**: concéntrate en exponer hechos y evita un lenguaje que pueda ser percibido como acusatorio. Este enfoque estratégico puede ayudar a mantener los intercambios civilizados y centrados en el asunto.

Establecer límites

Los límites claros son cruciales para gestionar las interacciones con un ex narcisista, especialmente en lo que respecta a cuestiones legales. Estos límites ayudan a delinear lo que es aceptable y lo que no, proporcionando una guía clara para los comportamientos y expectativas de ambas partes.

- **Sé explícito acerca de los límites**: articula claramente tus límites, especialmente aquellos que refieren a interacciones legales y acuerdos de paternidad compartida. Tener estos límites por escrito puede servir como punto de referencia para ambas partes.

- **Haz cumplir los límites de manera consistente**: una vez establecidos, hacer cumplir estos límites es vital. Si se cruza un límite, refiérete a los términos acordados y comunica la necesidad de cumplirlos. Debes documentar y denunciar cada infracción. Si se permite al narcisista salir impune de una infracción una vez, esto lo alentará a hacerlo nuevamente. Por muy oneroso que sea, es necesario documentar cada infracción y perseguir las consecuencias.

Aprovechar la mediación y la asesoría legal

En escenarios donde la negociación directa con un ex narcisista se vuelve insostenible, la mediación y el asesoramiento legal ofrecen vías alternativas para resolver disputas sin intensificar el conflicto.

- **La mediación como primer recurso**: antes de emprender una acción judicial, considera la mediación. Un tercero neutral puede facilitar las discusiones y ayudar a encontrar soluciones mutuamente aceptables. La mediación a menudo resulta menos adversarial, lo que reduce el potencial de conflicto.

- **Representación legal en las negociaciones**: tener un abogado que te represente en las negociaciones puede eliminar el elemento personal de las discusiones legales, lo que hace que sea más fácil concentrarse en los problemas sin enredarse emocionalmente.

Enfocarse en el bienestar de los niños

En todos los asuntos legales, el bienestar de tus hijos debe seguir siendo el foco central. Al mantener las discusiones y acciones legales centradas en lo que es mejor para los niños, es posible que puedas encontrar puntos en común con un ex narcisista o al menos minimizar las áreas de conflicto.

- **Resalta las necesidades de los niños**: en las comunicaciones y negociaciones, céntrate constantemente en las necesidades y el bienestar de los niños. Este enfoque puede ayudar a despersonalizar el conflicto y encontrar soluciones que sirvan al interés principal de los niños.

Utilizar sistemas de apoyo

Transitar por disputas legales y hacer valer tus derechos contra un ex narcisista puede resultar agotador, tanto emocional como mentalmente. Respaldarte en tu sistema de apoyo puede brindarte la fortaleza y la perspectiva necesarias para afrontar estos desafíos de manera efectiva.

- **Busca apoyo emocional**: comunícate con amigos, familiares o grupos de apoyo que comprendan tu situación. Su apoyo puede ofrecerte la resiliencia emocional necesaria para mantenerte firme en tus derechos legales.

- **Orientación profesional**: más allá del asesoramiento legal, considera buscar el apoyo de un terapeuta o consejero. Éstos pueden ofrecer estrategias para controlar el estrés y mantener tu salud mental durante todo el proceso legal.

Al hacer valer tus derechos legales mientras te esfuerzas por minimizar el conflicto con una expareja narcisista, es primordial mantener un enfoque estratégico, informado y equilibrado. Al comprender tu situación legal, comunicarte estratégicamente, establecer límites claros y centrarte en el bienestar de los niños, podrás transitar por los aspectos legales de la crianza compartida para proteger tus derechos y fomentar un entorno de crianza compartida más pacífico. Al aprovechar la mediación, el asesoramiento legal y sus sistemas de apoyo, te estarás equipando con las herramientas para enfrentar los desafíos legales con confianza mientras te concentras en generar los mejores resultados posibles para tus hijos.

Lista de verificación de supervivencia financiera en la crianza compartida con un narcisista

Abordar asuntos financieros mientras se comparte la paternidad con un narcisista requiere un enfoque reflexivo y proactivo. Una lista de verificación para la supervivencia financiera es una herramienta sólida y concreta que deberías considerar utilizar para manejar problemas potenciales de manera proactiva.

En primer lugar, es fundamental establecer un presupuesto sólido. Este presupuesto debe tener en cuenta los gastos relacionados con los niños, tanto esperados como inesperados. Comienza enumerando todas las fuentes de ingresos mensuales, seguidas de los gastos regulares. Recuerda incluir ahorros para necesidades futuras y posibles emergencias. Este paso fundamental crea un panorama financiero claro, lo que le permite tomar decisiones informadas y realizar los ajustes necesarios.

La creación de entidades financieras separadas es otro aspecto vital. Si aún no lo has hecho, abre una cuenta bancaria y una línea de crédito únicamente a tu nombre. Esta separación es crucial para establecer tu independencia financiera y proteger tu patrimonio de cualquier forma de manipulación o intento de control por parte de tu expareja narcisista.

Además, es imprescindible asegurarte de establecer acuerdos legales sobre responsabilidades financieras. Ya sea el pago de la manutención infantil, gastos educativos compartidos, campamentos de verano, actividades o costos de atención médica, tener estos acuerdos por escrito y legalmente reconocidos, te proporcionará una red de seguridad que garantiza que se cumplan las obligaciones financieras y que las disputas se puedan resolver de manera más eficiente. Esto es algo que debes hacer.

También es esencial mantener registros meticulosos de todas las transacciones financieras relacionadas con la crianza compartida. Esto incluye guardar recibos, registrar los pagos de manutención infantil recibidos o realizados y realizar un seguimiento de todos los gastos de bolsillo. En caso de que surjan disputas, esta documentación será una prueba innegable de cumplimiento y responsabilidad. Nuevamente, considera obtener una aplicación de crianza compartida para facilitar todo esto.

Para salvaguardar aún más tu estabilidad financiera, explora vías para mejorar tus ingresos. Esto podría implicar buscar oportunidades de avance en tu carrera, considerar proyectos paralelos o invertir en desarrollo personal para aumentar tu potencial de ingresos. Diversificar tus fuentes de ingresos contribuye a la resiliencia financiera y te ofrece tranquilidad.

Además de estas medidas estratégicas, es fundamental cultivar una red de apoyo. Esta red puede incluir asesores financieros, asesores legales y grupos de apoyo de pares. Estos recursos pueden ofrecer valiosos consejos, apoyo emocional y asistencia práctica, ayudándote a transitar por las complejidades de la crianza compartida con un narcisista.

Esta lista de verificación de supervivencia financiera sienta las bases para un acuerdo de crianza compartida estable y seguro. Es un camino marcado por decisiones informadas, planificación proactiva y un enfoque inquebrantable en el bienestar de tus hijos. A medida que avances, recuerda que la independencia financiera no se trata sólo de números en una cuenta bancaria: se trata de libertad, empoderamiento y la capacidad de brindar un entorno enriquecedor para tus hijos, libre de las limitaciones de una expareja narcisista.

Para terminar, recuerda el poder de la preparación, la importancia de la independencia y el valor de la educación. Estos principios no solo te guiarán a través de los aspectos financieros de la crianza compartida con un narcisista, sino que también enriquecerán tu viaje hacia una vida más plena y resiliente. Al pasar al siguiente capítulo, llevemos adelante las lecciones aprendidas, aplicándolas con sabiduría y valentía a medida que vayamos avanzando en el camino que tenemos por delante.

Capítulo 5

Comprender la paternidad paralela

Imagínate estar en una encrucijada donde cada camino representa un enfoque diferente de la paternidad compartida después de un divorcio con un ex narcisista. Un camino está muy transitado, marcado por intentos de crianza compartida cooperativa, plagado de conflictos y estrés. El otro camino, menos visible y a menudo incomprendido, conduce a la paternidad paralela, una ruta menos convencional pero cada vez más reconocida que promete un viaje más tranquilo tanto para los padres como para los hijos. Este capítulo explica la crianza paralela, analiza sus fundamentos y muestra cómo puede servir como una estrategia viable para minimizar los conflictos en torno a la crianza de los hijos después del divorcio.

Los fundamentos de la crianza paralela

Hay ocasiones en las que, a pesar de los mejores esfuerzos, los métodos tradicionales de crianza compartida cooperativa con un narcisista no funcionan. Es desalentador y abrumador, pero existe otra opción: la crianza paralela. La crianza paralela es más efectiva en situaciones de alto conflicto, donde nada más parece funcionar. Es un enfoque estructurado que reduce significativamente la interacción directa entre los padres, minimizando así los conflictos. Sin embargo, garantiza que ambos padres sigan participando activamente en la vida de sus hijos. Piensa en ello como dos carriles en una carretera, donde cada padre viaja en su propio carril, yendo en la misma dirección pero sin invadir el espacio del otro.

En qué se diferencia la crianza paralela de la crianza compartida

Mientras que la crianza compartida tradicional fomenta la comunicación abierta y la toma de decisiones colaborativa, la crianza paralela establece límites que restringen la comunicación únicamente a información esencial, a menudo transmitida a través de medios escritos o herramientas de terceros. Aquí, las decisiones sobre la paternidad cotidiana se toman de forma independiente, lo que reduce las oportunidades de conflicto y estrés. A menudo, cuando se trata de un ex narcisista, la paternidad paralela es la única solución viable.

¿Por qué elegir la crianza paralela?

Para los padres que salen de una relación marcada por el narcisismo, el consejo habitual de paternidad compartida no es del todo adecuado. La negociación e interacción constantes pueden convertirse en un campo de batalla, con los niños atrapados en el fuego cruzado. La crianza paralela ofrece una alternativa, dando prioridad al bienestar de los niños manteniendo la participación de los padres y al mismo tiempo protegiéndolos de los conflictos parentales.

Estos son los componentes clave de la crianza paralela

- **Comunicación directa limitada**: la comunicación se limita a información esencial sobre el bienestar de los niños y normalmente se realiza por escrito.

- **Toma de decisiones independiente**: cada padre toma decisiones diarias con respecto a los niños durante su tiempo de custodia sin necesidad de la aprobación del otro padre.

- **Uso de terceros**: para situaciones que requieren discusión, se recurre a terceros o herramientas legales que facilitan la comunicación, manteniendo las interacciones enfocadas y profesionales.

En pocas palabras, la principal diferencia entre la crianza compartida y la crianza paralela es que en la crianza compartida, los padres trabajan juntos para crear una visión de crianza común y proporcionar expectativas consistentes de rutinas en ambos hogares. Por el contrario, en la crianza paralela, cada padre es libre de actuar como desee (dentro de lo razonable) independientemente de las expectativas o rutinas establecidas en el otro hogar. Para comprender mejor las diferencias entre la crianza compartida y la crianza paralela, aquí tienes algunos ejemplos básicos que deberían ilustrar las diferencias entre los dos modelos de crianza.

Digamos que un niño quiere ir a dormir a la casa de un amigo. Un niño criado por padres que practican la crianza compartida tendría una misma regla: o se le permite al niño ir a dormir a la casa de un amigo, o no se le permite al niño ir a dormir a la casa de un amigo. Esta regla sería consistente independientemente de la casa de cuál de los padres se quedara el niño durante la fiesta de pijamas. Esto significa que si los padres hubieran acordado que no se permiten las fiestas de pijamas, el niño no podría ir, independientemente de con cuál de los padres se estuviera quedando en el momento de la fiesta de pijamas. Usando el mismo ejemplo del niño que quiere ir a dormir a la casa de un amigo, si el niño estuviera siendo criado por padres que practican la crianza paralela, entonces la decisión sobre si el niño puede o no ir a dormir a la casa de un amigo dependerá exclusivamente del padre que hubiese estado con el niño en el momento de la fiesta de pijamas. Esto significa que si el padre A dijo que sí, se permiten las fiestas de pijamas y el padre B dijo que no, no se permiten las fiestas de pijamas, entonces el niño podría ir si se quedara en la casa del padre A, y no podría ir si se quedara en la casa del padre B. Tomemos otro ejemplo para ayudar a ilustrar las diferencias entre los dos estilos de crianza. Esta vez, usaremos el ejemplo de asistir a servicios religiosos. En la crianza compartida, ambos padres estarían de acuerdo en que los niños asistirán (o no asistirán) a servicios religiosos semanales independientemente de la casa de los padres en la que se encuentren. Usando este mismo ejemplo, en la crianza paralela, el niño podría asistir a servicios religiosos todas las semanas cuando se queda con el padre A y no asistir a servicios religiosos semanales cuando se queda con el padre B. En la crianza compartida, los padres están de acuerdo y tienen participación en las actividades del niño, que es constante independientemente de la casa en la que se encuentre el niño. En la crianza paralela, las actividades dependen únicamente del padre con el que se quede el niño. Aquí hay otra forma en que la crianza compartida difiere de la crianza paralela: veamos cómo funcionan los eventos rutinarios como las reuniones de padres y maestros. En el caso de la crianza compartida, ambos padres asistirían a la reunión de padres y maestros juntos y simultáneamente. En el caso de la crianza paralela, los padres solicitarían dos reuniones de padres y maestros por separado. Si la escuela permitiera una sola reunión de padres y maestros, entonces uno de los padres asistiría a la reunión y el otro padre recibiría un correo electrónico de la escuela, informándole sobre la reunión.

Preparando el escenario para la crianza paralela

La transición a la paternidad paralela comienza con un acuerdo explícito y legalmente vinculante que detalle los derechos y responsabilidades de cada padre. Este plan debe abordar decisiones importantes como la educación, la atención médica y la crianza religiosa, junto con un cronograma de crianza detallado. El acuerdo debe ser lo más específico posible y detallar los arreglos para recoger y dejar a los niños, los horarios de vacaciones y los procedimientos para realizar modificaciones al plan.

Protocolos de comunicación

Establecer un protocolo de comunicación es crucial. Por lo general, esto implica el uso de una aplicación dedicada a la copaternidad que mantiene registros de todos los intercambios. Estos protocolos sirven como amortiguador, reduciendo la carga emocional de la comunicación directa y manteniendo el enfoque en las necesidades de los niños.

Límites y cuidado personal

Establecer y respetar límites es esencial para el acuerdo de la crianza en paralelo. Esto se extiende a las prácticas de cuidado personal para controlar el estrés y el bienestar emocional. Recuerda que el objetivo final es crear un ambiente pacífico y estable para los niños, libre de las turbulencias de los conflictos de los padres.

La paternidad paralela no se trata de desvincularte de tu rol como padre. Se trata de redefinir cómo se desempeña ese papel en una situación de paternidad compartida de alto conflicto. Al minimizar las interacciones directas y centrarse en una crianza estructurada e independiente, este enfoque ofrece paz y estabilidad tanto para los padres como para los niños. A medida que continuemos explorando la paternidad paralela, recuerda que la esencia de esta estrategia radica en su capacidad de brindar a los niños el amor y el apoyo de ambos padres sin que la sombra del conflicto empañe sus experiencias.

Establecer un plan de crianza paralela: componentes esenciales

Elaborar un plan de crianza paralela requiere atención a los detalles y centrarse en las necesidades y el bienestar de los niños involucrados. Este plan actúa como un mapa, guiando a ambos padres en el manejo de sus responsabilidades y al mismo tiempo minimiza el contacto directo para reducir posibles conflictos. Un plan bien pensado no es sólo un documento sino un acuerdo, generalmente registrado en el tribunal, que se adapta a las necesidades cambiantes de los niños a medida que crecen.

Identificación de áreas clave de responsabilidad

El primer paso para desarrollar un plan de crianza paralelo implica delinear las principales áreas de responsabilidad que necesitan una delimitación clara. Estas incluyen, entre otras:

- **Atención médica**: decisiones relativas a la salud de los niños, incluida la elección de proveedores de atención médica, procedimientos de atención de emergencia y chequeos de rutina.

- **Educación**: opciones sobre escolarización, incluida la selección de instituciones educativas, la participación en actividades extracurriculares y la asistencia a reuniones de padres y maestros.

- **Acuerdos de vivienda**: claridad en los horarios de visitas a la residencia principal, incluidos días festivos, cumpleaños y períodos de vacaciones, garantizando que los niños tengan rutinas predecibles.

- **Obligaciones financieras**: un acuerdo explícito sobre responsabilidades financieras que cubran la manutención de los hijos, los costos educativos, los gastos de atención médica y las actividades extracurriculares.

Para cada área, el plan debe definir quién tiene autoridad para tomar decisiones y cómo se compartirá la información entre los padres.

Desarrollar una estrategia de comunicación

Dado el objetivo de minimizar el contacto directo, establecer una estrategia de comunicación eficaz es vital. El plan debe especificar:

- **Canales de comunicación preferidos**: designar plataformas específicas para intercambiar información sobre el bienestar de los niños, como una aplicación especializada en coparentalidad.

- **Frecuencia de actualizaciones**: acordar un cronograma regular para actualizaciones sobre el bienestar, el progreso académico y el estado de salud de los niños para garantizar que ambos padres estén informados. Esta actualización debe comunicarse a través de una aplicación o de un tercero, como un GAL o un abogado.

- **Protocolo de comunicación de emergencia**: esbozar un procedimiento sencillo para emergencias, asegurando que ambos padres comprendan cómo transmitir información urgente de manera rápida y eficiente.

Este enfoque estructurado de la comunicación garantiza que la información necesaria sea compartida sin interacciones innecesarias, lo que reduce el potencial de conflicto.

Consideraciones de programación

Un cronograma detallado es la piedra angular de cualquier plan de crianza paralela. Este cronograma debe ser completo y abarcar:

- **Visitas de rutina**: delimitar visitas regulares, incluidos los días laborables y los fines de semana, y las consideraciones sobre el tiempo de viaje y la logística.

- **Ocasiones especiales**: especificar arreglos para días festivos, cumpleaños y eventos especiales, rotándolos entre los padres según lo acordado para garantizar la equidad.

- **Vacaciones**: incluir pautas para los tiempos de vacaciones, períodos de aviso para la planificación y uso compartido de cronogramas de vacaciones.

Un horario bien definido ofrece previsibilidad y estabilidad a los niños, brindándoles una sensación de seguridad en medio de las vidas separadas de sus padres.

Manejo de ajustes y disputas

A pesar de haber llegado a una buena planificación, es posible que sea necesario hacer ajustes al plan de crianza a medida que los niños crecen y las circunstancias cambian. Por lo tanto, el plan debería incluir:

- **Proceso para realizar ajustes**: esbozar un procedimiento para proponer, discutir y acordar ajustes al plan de crianza, posiblemente involucrando una mediación para resolver desacuerdos.

- **Mecanismo de resolución de disputas**: definir un proceso sencillo para resolver disputas, priorizando la mediación o el arbitraje sobre el litigio para mantener un enfoque en el interés principal de los niños.

Al anticipar la necesidad de ajustes y proporcionar mecanismos para la resolución de disputas, el plan sigue siendo flexible y adaptable a las necesidades cambiantes de la familia.

Revisiones periódicas

Finalmente, la naturaleza dinámica de la vida familiar requiere revisiones periódicas del plan de crianza paralela. Esto se puede programar anualmente o cada dos años, lo que permite a ambos padres reflexionar sobre qué está funcionando, qué necesita ajustes y cómo el plan puede satisfacer mejor las necesidades cambiantes de los niños. Estas revisiones deben abordarse con una mente abierta y un compromiso de coparentalidad positiva a pesar de los desafíos.

Al construir un plan de crianza paralela, el objetivo es crear un marco que minimice los conflictos, apoye las necesidades de desarrollo de los niños y respete la autonomía de cada padre. Al centrarse en una comunicación clara, una programación detallada y disposiciones para la flexibilidad y el bienestar de los padres, el plan sienta las bases para una dinámica familiar post-separación más saludable.

Comunicación a través de terceros y herramientas legales

Lidiar con la crianza compartida con un ex narcisista a menudo presenta un conjunto único de desafíos, especialmente cuando se trata de la comunicación. Las situaciones de gran conflictividad pueden beneficiarse significativamente de la participación de terceros o del uso de herramientas legales especializadas diseñadas para agilizar la comunicación, reduciendo así el estrés y los conflictos potenciales. Este enfoque permite a los padres centrarse en las necesidades de sus hijos sin verse envueltos en disputas personales que puedan restar valor a una crianza eficaz.

Ventajas de la mediación de terceros

En escenarios donde la comunicación directa se convierte en un campo de batalla, contar con la ayuda de un mediador profesional puede proporcionar un terreno neutral para la discusión. Los mediadores están capacitados para facilitar conversaciones, asegurando que las perspectivas de ambas partes sean escuchadas y respetadas. Este entorno estructurado puede ayudar a alcanzar acuerdos sobre cuestiones polémicas:

- Proporcionando una perspectiva imparcial que puede ayudar a aclarar malentendidos y aportar objetividad a discusiones cargadas de emociones.

- Ofreciendo soluciones creativas que los padres tal vez no hubieran considerado, abriendo nuevas vías para llegar a un acuerdo.

- Fomentando la atención al bienestar de los niños, que a veces puede perderse en los intercambios directos entre los padres.

Los padres pueden constatar que recurrir a un mediador para desarrollar o revisar su plan de crianza puede conducir a resultados más duraderos y mutuamente satisfactorios.

Cómo sacarle provecho a los coordinadores de coparentalidad

Involucrar a un coordinador de coparentalidad puede ser invaluable para manejar situaciones de crianza compartida conflictiva. Estos profesionales actúan como intermediarios entre los padres, manejando la comunicación con respecto a la programación, las transiciones y las decisiones diarias de crianza compartida. Su intervención puede reducir significativamente el contacto directo, lo que puede ser particularmente beneficioso para minimizar las oportunidades de conflicto. Los coordinadores de copaternidad pueden ayudar:

- Supervisando el cumplimiento del plan de crianza y ayudando a resolver disputas relacionadas con la interpretación o implementación de sus términos.

- Facilitando la comunicación sobre cambios de programación o abordando cuestiones imprevistas que requieran cooperación.

- Recomendando apoyo: cuando sea necesario, pueden sugerir servicios de asesoramiento o de apoyo para ayudar a la familia a adaptarse al acuerdo de crianza paralela.

Utilizar herramientas legales para la comunicación

Además de intermediarios externos, se han desarrollado varias aplicaciones de coparentalidad que podrían facilitar la comunicación. Una aplicación que parece funcionar bien particularmente para la crianza paralela, y está siendo aprobada para su uso en la mayoría de los tribunales es Our Family Wizard, pero asegúrate de realizar tu propia investigación y seleccionar las mejores herramientas y aplicaciones para tu situación específica. Estas herramientas están diseñadas para minimizar los conflictos estructurando el intercambio de información de una manera clara, rastreable y menos susceptible a la manipulación. Sus beneficios incluyen:

- **Intercambios documentados**: todas las comunicaciones se registran y se puede acceder a ellas fácilmente como referencia, lo que reduce las disputas sobre quién dijo qué y cuándo.

- **Interacción controlada**: al limitar los tipos de comunicación en estas plataformas, se anima a los padres a mantener los intercambios centrados en las necesidades de los niños.

- **Accesibilidad**: la información sobre los horarios, registros médicos, informes escolares y otros documentos importantes de los niños puede ser compartida en un lugar accesible, lo que garantiza que ambos padres tengan la información necesaria para tomar decisiones informadas.

Plataformas como estas pueden ofrecer seguridad y equidad, ya que ambos padres tienen igual acceso a la información y la misma oportunidad de contribuir a la vida de sus hijos.

Directrices para el uso eficaz de terceros y herramientas legales

Para maximizar los beneficios de involucrar a terceros o utilizar herramientas legales, considera las siguientes pautas:

- **Objetivos claros**: antes de contratar a un mediador o coordinador de crianza paralela, define los objetivos claros sobre lo que esperas lograr. Esto te asegurará que las sesiones se mantengan enfocadas y productivas.

- **Elige sabiamente**: tómate el tiempo para seleccionar profesionales o plataformas que se adapten bien a las necesidades específicas de tu familia. Busca personas con experiencia en situaciones de coparentalidad conflictiva y plataformas que ofrezcan las funciones más relevantes para tus desafíos de comunicación.

- **Comprométete con el proceso**: para que la mediación o coordinación de terceros sea efectiva, los padres deben estar dispuestos a participar de buena fe. Esto incluye estar abiertos a las sugerencias del mediador o coordinador y adherirse a los protocolos de comunicación acordados.

- **Mantén el respeto**: el respeto por el otro padre es crucial, incluso en entornos estructurados. Esto incluye respetar su tiempo, acudiendo puntual a las reuniones, y su perspectiva, escuchando sin interrupciones ni juicios.

Incorporar estos enfoques a tu estrategia de crianza compartida puede crear un entorno de comunicación más estructurado y menos estresante. Esto te beneficiará a ti y a tu expareja y, lo más importante, creará una atmósfera más pacífica y estable para tus hijos.

Establecimiento de límites firmes en la crianza en paralelo

En la crianza paralela, establecer límites claros y firmes no es negociable, ya que garantiza que cada padre pueda mantener la independencia y al mismo tiempo minimizar la posibilidad de disputas. Estos límites proporcionan un marco que guía a cada padre a través de las complejidades de criar a sus hijos después de la separación. Son acuerdos basados en el respeto mutuo y el objetivo de fomentar un ambiente enriquecedor para los niños involucrados.

La importancia de límites claramente definidos

Los límites en la crianza paralela no solo delimitan lo que es aceptable, sino que salvaguardan la autonomía de cada padre, creando un espacio que reduce la interacción y, por extensión, el conflicto potencial. Esta claridad es crucial en las interacciones con una expareja narcisista, donde los malentendidos pueden escalar rápidamente. Los límites actúan como un conjunto de reglas previamente acordadas, un lenguaje común que ambos padres se comprometen a seguir para el bienestar de sus hijos. A continuación, se detallan tres aspectos esenciales que deben ser considerados al establecer estos límites:

- **Espacio y tiempo personal**: respetar el tiempo de cada padre con sus hijos, sin interferencias, garantiza que ambos padres puedan participar plenamente en su tiempo de crianza, libres de comentarios o críticas no solicitadas.

- **Pautas de comunicación**: establecer expectativas claras sobre cómo y cuándo se producirá la comunicación. Especificar los temas que están abiertos a discusión y acordar el método de comunicación preferido, ya sea a través de una aplicación de coparentalidad o por correo electrónico, ayuda a prevenir errores de comunicación.

- **Toma de decisiones**: delinear claramente quién tomará las decisiones diarias y quién será el responsable de las decisiones más importantes que impacten en la vida de tus hijos, evitará superposiciones y reducirá las posibilidades de desacuerdo. Se trata de ponerse de acuerdo sobre quién puede decidir qué, garantizando que ambos padres sigan desempeñando papeles activos en la vida de sus hijos.

Pasos para establecer límites

El establecimiento de estos límites comienza con un diálogo abierto, donde ambas partes se reúnen para discutir sus necesidades y expectativas. Inicialmente, esto puede parecer desalentador, especialmente en relaciones muy conflictivas, pero es un paso necesario hacia la creación de un acuerdo de crianza paralelo estable. Aquí tienes algunos pasos claves para establecer límites:

- **Identificar áreas clave**: comiencen identificando las áreas donde se necesitan límites. Esto incluye, entre otros, comunicación, tiempo de crianza, responsabilidades financieras y procesos de toma de decisiones.

- **Redactar un acuerdo por escrito**: una vez identificadas estas áreas, redacten un acuerdo por escrito que describa los límites en un lenguaje claro e inequívoco. Luego, este documento debe revisarse y, si es necesario, perfeccionarse mediante negociación hasta que ambas partes lo consideren aceptable.

- **Revisión y aprobación legal**: para mayor seguridad y aplicabilidad, deberán hacer que profesionales legales revisen el acuerdo y, si es posible, incorporarlo al acuerdo de custodia oficial. Este respaldo legal garantiza que los límites tengan un peso de mutuo acuerdo, proporcionando un recurso en caso de que una de las partes no los respete sistemáticamente.

Cómo manejar las violaciones de límites

Incluso con los mejores planes, pueden ocurrir violaciones de límites. La forma en que se manejen estas violaciones puede afectar significativamente la efectividad del acuerdo de crianza paralela.

- **Reacción inmediata**: cuando se cruce un límite, aborda el problema de inmediato. Retrasar o ignorar la violación sólo socavará el acuerdo y puede dar lugar a nuevas infracciones.

- **Cíñete a los hechos**: al discutir la infracción, céntrate en los hechos y los términos específicos del acuerdo que no se cumplieron. Evita el lenguaje acusatorio o las respuestas emocionales, que pueden agravar la situación.

- **Recurre a mediación si es necesario**: si las violaciones persisten o hay una disputa sobre la interpretación de los límites, recurrir a una mediación puede proporcionar un terreno neutral para resolver el problema. Los mediadores pueden ayudar a aclarar malentendidos y facilitar el retorno al cumplimiento de los límites establecidos.

En la crianza paralela, establecer y respetar límites firmes no se trata de crear distancia sino de definir una nueva manera de coparentar que minimice los conflictos y maximice la capacidad de cada padre para contribuir positivamente a la vida de sus hijos. Es un enfoque estructurado que reconoce los desafíos y al mismo tiempo se centra en el resultado más importante: el bienestar y la felicidad de los niños. A través de límites claros, una comunicación abierta y un compromiso con la flexibilidad y el respeto, los padres pueden gestionar las complejidades de criar a sus hijos por separado pero de manera igualitaria, asegurando un ambiente estable y enriquecedor para sus seres más queridos.

Historias de éxito: cómo prosperar en un acuerdo de crianza paralelo

La aplicación en el mundo real de la paternidad paralela, con la complejidad añadida de una expareja narcisista, ha demostrado su eficacia repetidamente, con numerosas familias que han avanzado hacia dinámicas más saludables con niños más felices. Estas historias sirven como prueba fehaciente del concepto y brindan esperanza para quienes se encuentran al comienzo de sus caminos en la crianza paralela. Exploremos cómo diversas familias han encontrado la paz y la positividad a través de este enfoque.

Una historia de dos ciudades

En un caso notable, una familia dividida entre dos ciudades encontró consuelo en la estructura brindada por la crianza paralela. Inicialmente, la distancia fue motivo de discordia, con desacuerdos sobre los traslados y los horarios de visitas. Sin embargo, tras adoptar un modelo de crianza paralela, ambos progenitores pudieron establecer rutinas en sus respectivas ciudades que funcionaban para ellos y para sus hijos. La clave de su éxito fue utilizar un calendario compartido en línea para programar visitas y una aplicación de comunicación acordada mutuamente para discutir las necesidades de los niños. Un caso que subraya la importancia de equilibrar la participación de los padres que vivían en diferentes ciudades. La distancia creó desafíos para mantener una participación constante de los padres. Su solución fue diseñar un plan de coparentalidad que maximizara la calidad del tiempo que ambos padres pasaban con los niños a pesar de la distancia física. Algunas de las formas en que pudieron lograr esto son las siguientes:

- **Programación creativa**: elaboraron un cronograma que permitía estancias prolongadas con cada padre durante las vacaciones escolares, asegurando que ambos padres permanecieran involucrados activamente en la vida de los niños.

- **Interacción virtual**: también incorporaron videollamadas regulares y actividades virtuales en su plan, lo que permitió a los niños sentirse conectados con el padre que no estaba viviendo con ellos.

- **Resultado**: este enfoque reflexivo de la programación y la comunicación ayudó a mantener vínculos fuertes entre los niños con ambos padres.

Del conflicto a la cooperación

Otra historia de éxito es la de una familia que luchó contra un conflicto incesante tras su separación. Las tensiones iban en aumento y la comunicación a menudo derivaba en discusiones, afectando el bienestar emocional de sus hijos. El punto de inflexión se produjo cuando ambos padres acordaron contratar a un mediador familiar que los ayudó en la transición a un acuerdo de crianza paralela. Al limitar el contacto directo y centrarse en la comunicación escrita a través de una aplicación para padres para discusiones esenciales sobre los niños, redujeron significativamente la naturaleza conflictiva de sus interacciones. Los niños se beneficiaron de un ambiente hogareño más estable y pacífico, libre del estrés de los conflictos parentales.

El poder de los límites

Otro ejemplo de éxito en la crianza paralela se dio en una familia donde el establecimiento de límites firmes transformó la relación de crianza compartida. Al principio, uno de los padres frecuentemente se excedía tomando decisiones unilaterales sobre las actividades y la escolarización de los niños, sin consultar al otro. La introducción de un plan de crianza paralela detallado con directrices claras sobre la autoridad para tomar decisiones y protocolos de comunicación, ayudó a establecer límites muy necesarios. Esta estructura permitió que ambos padres se sintieran respetados y empoderados, lo que generó una dinámica más armoniosa que puso los intereses de los niños en primer plano.

Estas historias, cada una de ellas única en su contexto y desafíos, comparten un hilo común de transformación positiva a través de la adopción de una crianza paralela. Ilustran que incluso en situaciones marcadas por la distancia, el conflicto o el desequilibrio en la participación de los padres, es posible crear un acuerdo de coparentalidad que fomente el bienestar de los niños y apoye la capacidad de los padres para avanzar positivamente.

Al reflexionar sobre estas narrativas, queda claro que la crianza paralela es la mejor solución para los padres que no se llevan bien y se encuentran en un estado conflictivo continuo. La estructura, los límites y la independencia de este enfoque garantizan una reducción de los conflictos, una mayor cooperación y, lo más importante, niños más felices y saludables.

Otro beneficio importante de la crianza paralela es el mayor bienestar de los padres. Al eliminar la interacción entre el padre narcisista y el otro padre, el nivel de estrés de cada padre disminuye inmediatamente. Al concluir esta exploración de la crianza paralela, recordamos la importancia de la resiliencia de las familias y la adaptabilidad de las estrategias de crianza para satisfacer las necesidades, tanto de los niños como de los padres. Estas historias de éxito demuestran la eficacia de la crianza paralela y actúan como estímulo para quienes consideran este enfoque mientras crían a sus hijos.

A continuación, nos enfocaremos en nutrir la resiliencia en nosotros mismos y en nuestros hijos, reforzando la idea que de la adversidad surge la fortaleza, el crecimiento, y una comprensión más profunda de lo que significa ser padres de manera eficaz, incluso en las circunstancias más desafiantes.

Capítulo 6
La importancia de los límites

·

Establecer y hacer cumplir los límites es una de las cosas más importantes cuando se trata con un narcisista. Si tu ex es narcisista y estás criando hijos con él, esto no será nada fácil. Debes aprender a hacerlo tanto por ti como por tus hijos.

Guía paso a paso para establecer límites

Identificar tus necesidades y tus límites

Empieza por hacer un balance de lo que necesitas para sentirte seguro y respetado en tu acuerdo de crianza compartida. Ya sea que estés en un entorno de paternidad compartida con alto conflicto o en un modelo de parentalidad paralela, si está haciendo esto con un narcisista, debes plantearte esta cuestión detenidamente. Considera los aspectos no negociables, como no permitir comunicaciones después de cierta hora o la necesidad de acuerdos escritos para cambios en la programación. Se trata de aclarar tus necesidades para mantener tu bienestar y criar a tus hijos de manera efectiva.

- **Reflexiona sobre interacciones pasadas**: piensa en los momentos que te dejaron estresado o en los que te sentiste poco respetado. Estos casos suelen resaltar áreas donde se requieren límites.

- **Considera las necesidades de tus hijos**: reflexiona sobre qué disposiciones servirán mejor al bienestar físico y emocional de tus hijos. Sus necesidades deberían estar en primer plano en cualquier proceso de establecimiento de límites.

Comunica tus límites con claridad.

Una vez que hayas identificado tus límites, el siguiente paso es comunicárselos a tu expareja. Los narcisistas no creen que los límites se apliquen a ellos mismos, así que tranquilízate y prepárate para el drama que sin duda desatará tu ex narcisista. Transmite el mensaje, mantén la calma y el desapego, y no reacciones. Aborda la conversación con un enfoque en el bienestar de tus hijos y con el deseo de crear un entorno cooperativo en crianza compartida.

- **Elige un entorno neutral**: mantén esta conversación en un entorno neutral donde ambos se sientan cómodos.

- **Utiliza declaraciones en primera persona**: establece tus límites en términos de tus propias necesidades y sentimientos para evitar culpar al otro o iniciar un conflicto. Por ejemplo, "Me siento abrumado cuando las discusiones se prolongan hasta altas horas de la noche. Necesito que todas nuestras llamadas se realicen antes de las 8 P.M.".

Implementar límites con coherencia

Para que los límites sean eficaces, deben respetarse sistemáticamente. Esto podría requerir que le recuerdes ocasionalmente a tu expareja los límites acordados. Para esto:

- **Mantente firme pero respetuoso**: si se cruza un límite, abórdalo de inmediato y con calma, reiterando la necesidad del límite y su importancia para la relación de coparentalidad.

- **Prepárate para adaptarte**: la vida cambia y también podrían cambiar tus límites. Debes mantenerte abierto a revisarlos y ajustarlos según sea necesario, centrándote siempre en lo que sea mejor para los niños.

Establecer límites con un narcisista puede ser extremadamente complicado. Ahora que has pensado y definido tus límites, escríbelos. Cuando te reúnas con tu ex, lleva esta lista contigo para asegurarte de expresar claramente tus necesidades exactas con respecto a los límites. Si estás trabajando con un GAL y/o un abogado, inclúyelos en esta conversación para obtener apoyo. Recuerda el método de la piedra gris: no reacciones, no alimentes su suministro y no te involucres en dramas ni histerias. Ser claro con tus límites, incluir a tu GAL o abogado, y utilizar el método de la piedra gris, te garantizará que cubras todos los puntos necesarios y expreses tus necesidades con claridad. Esto debería fomentar un debate productivo, minimizar los malentendidos y sentar una base sólida sobre la que construir. Aquí tienes algunas pautas para prepararte:

- **Anota lo que quieres decir**: enumera los límites que debes establecer y por qué son importantes.

- **Anticípate a las respuestas**: piensa en cómo podría responder tu expareja y planifica cómo abordar sus inquietudes sin dejar de respetar tus límites.

- **Enfócate en los niños**: mantén la conversación centrada en el bienestar de los niños, lo que puede ayudar a que la discusión sea constructiva.

Establecer límites en la crianza compartida o en paralelo con un ex narcisista se trata de crear un espacio donde puedas ejercer tu rol de padre, o madre, de manera efectiva y mantener la cordura. No se trata de construir muros para mantener alejado al otro padre, sino de establecer pautas claras que permitan una interacción y cooperación respetuosas por el bien de sus hijos. Estos límites garantizan que su acuerdo de paternidad compartida pueda brindar estabilidad y positividad en la vida de tus hijos.

Qué hacer cuando se violan los límites

En el escenario de la paternidad compartida o la paternidad paralela con un ex narcisista, las violaciones de límites, desafortunadamente, pueden surgir como un tema recurrente. Estas transgresiones, que van desde pequeños excesos hasta infracciones importantes, desafían los cimientos del acuerdo estructurado de crianza en el que tú has trabajado tanto para establecer. Es obligatorio abordar estas violaciones de inmediato y con eficacia. Es necesario para la salud sostenida de la dinámica de crianza, tu salud mental y, lo más importante, para el bienestar de tus hijos.

Reconocer y evaluar la infracción

Al encontrarte con una violación de límites, reconoce la violación y evalúa su impacto. Es crucial determinar si la infracción es un incidente menor, aislado o parte de un patrón de comportamiento más amplio. Esta evaluación guiará tu respuesta y te ayudará a decidir si una simple conversación puede rectificar la situación o si se requiere una acción más asertiva. De todos modos, debes señalar la violación al narcisista y declarar con claridad y con calma que esto no es aceptable. Si no expones su violación claramente, el narcisista lo considerará como debilidad y luz verde para seguir adelante y continuar transgrediendo las normas.

- **Documenta el suceso**: es necesario mantener un registro de la infracción, incluyendo la fecha, hora y naturaleza de la infracción, especialmente si el comportamiento se vuelve recurrente. La documentación crea una base fáctica en las discusiones y, si fuera necesario, para las consultas legales.

- **Reflexiona desde la perspectiva de los niños**: considera cómo la violación afecta realmente a tus hijos. Su bienestar emocional y físico siempre debe guiar tu estrategia de respuesta.

Iniciar un diálogo constructivo

Si la violación de los límites es relativamente menor o parece haber sido un descuido, iniciar un diálogo constructivo con tu expareja podría resolver el problema. Esta conversación debe recordarle los límites establecidos y expresar cómo su violación te ha impactado a ti y potencialmente a tus hijos.

- **Elige un tono y un entorno neutrales**: trata de expresar tus preocupaciones sin culpar a nadie. Simplemente expón los hechos en un lenguaje neutral. Es mejor hacer esto por escrito para no interactuar demasiado con ellos y poder documentar el incidente.

- **Sé específico sobre la violación y sus efectos**: articula claramente qué límite se cruzó y cómo ha afectado el acuerdo de crianza compartida y a tus hijos. La especificidad puede evitar la actitud defensiva del otro y centrar la conversación en resolver el problema.

Recurrir a la mediación para infracciones recurrentes o importantes

La mediación puede servir como un siguiente paso eficaz en los casos en que las violaciones sean significativas o formen un patrón recurrente. Un mediador proporciona una plataforma neutral para que ambos padres discutan los problemas de límites y trabajen para lograr una resolución. Esta intervención profesional puede resultar especialmente beneficiosa cuando la comunicación directa no ha logrado resolver el problema.

- **Selecciona un mediador con experiencia en cuestiones de coparentalidad**: elegir un mediador que comprenda las complejidades de la coparentalidad, especialmente en situaciones muy conflictivas, puede mejorar las posibilidades de alcanzar un resultado productivo.

- **Prepárate para la sesión**: antes de la mediación, describe las violaciones de los límites, su frecuencia y su impacto. Lleva contigo toda tu documentación. Esta preparación garantiza que la sesión aborde los temas centrales en cuestión.

Fortalecer los límites mediante la renegociación

A veces, las violaciones de los límites indican que es posible que sea necesario reevaluar y fortalecer los términos originales. Esto no indica un fracaso sino más bien una evolución del acuerdo de coparentalidad. Renegociar los límites puede aclarar las expectativas y reforzar la estructura necesaria para una crianza eficaz.

- **Involucra a un consejero de coparentalidad si es necesario**: un profesional especializado en coparentalidad puede ofrecer orientación sobre cómo establecer límites realistas y aplicables.

- **Incorpora flexibilidad cuando corresponda**: mientras refuerzas los límites, considera si ciertas áreas pueden ofrecer flexibilidad para adaptarse a la imprevisibilidad de la vida, siempre teniendo en cuenta el bienestar de los niños.

Considera la vía legal para violaciones persistentes

Las violaciones de límites persistentes y graves pueden requerir la exploración de recursos legales. Muchas veces, la única forma para que un narcisista preste atención y deje de violar los términos acordados, es mediante una intervención legal. Esto es lamentable, pero podría ser necesario. Este paso debe considerarse cuidadosamente, entendiendo el impacto potencial en la relación de coparentalidad y, lo más importante, en los niños.

- **Consulta con un abogado de derecho familiar**: un abogado puede asesorarte sobre las opciones legales disponibles para hacer cumplir los límites y proteger el bienestar de tus hijos.

- **Prepara tu documentación**: los registros que hayas mantenido sobre las violaciones de límites y sus impactos serán invaluables en este proceso, ya que brindarán evidencia para respaldar tu caso.

Priorizar el autocuidado y el apoyo

Por último, afrontar las violaciones de límites puede resultar emocionalmente agotador. Priorizar tu bienestar a través de prácticas de cuidado personal y apoyarte en tu sistema de apoyo puede brindarte la resiliencia emocional necesaria durante estos tiempos difíciles. Asegurarte de estar en un lugar saludable mental y emocionalmente, es crucial para manejar eficazmente las violaciones de límites y mantener una paternidad compartida o un acuerdo de paternidad paralela estable. Para esto:

- **Participa en actividades que refuercen tu bienestar:** ya sea realizar ejercicio, disfrutar de pasatiempos o pasar tiempo con tus seres queridos, encuentra aquello que reponga tu energía y te brinde alegría.

- **Busca el apoyo de quienes te comprendan**: conectarte con amigos, familiares o grupos de apoyo que comprendan los matices de la crianza compartida con un ex narcisista puede ofrecerte consuelo y consejos prácticos.

Desafortunadamente, la realidad de criar hijos con un narcisista significa que es muy probable que tengas que lidiar con violaciones de límites. Sin embargo, se pueden abordar estos desafíos de manera efectiva con un enfoque estratégico que incluya su reconocimiento, el diálogo constructivo, la mediación y, cuando sea necesario, acciones legales. La clave para mantener la cordura es desconectarte y no permitirte volverte reactivo. Transmite tu mensaje: "Violaste los términos de nuestro acuerdo al hacer esto, en esta fecha y a esta hora". Y termina con eso. No permitas que el narcisista te arrastre al drama. Mantén la calma, mantente fuerte, toma el camino correcto y da por terminado el asunto. Recurre a amigos, familiares y profesionales, para obtener apoyo y seguridad. Esta postura proactiva no sólo mantiene la integridad de tu sistema de crianza, sino que también salvaguarda el bienestar emocional y físico de tu preocupación más preciada: tus hijos.

Gestionar situaciones conflictivas con gracia

Los escenarios conflictivos en la crianza compartida o en acuerdos de crianza paralela, especialmente con una expareja narcisista, no sólo son desafiantes, también ponen a prueba tu paciencia y resiliencia emocional. Aquí, el enfoque se desplaza hacia el manejo de estas situaciones no solo para disipar la tensión sino también para garantizar que el bienestar de tus hijos siga siendo la prioridad. Manejar estos momentos requiere comunicación estratégica, inteligencia emocional y un profundo compromiso para salvaguardar los intereses de tus hijos.

Estrategias para manejar la comunicación

La comunicación eficaz se convierte en tu primera línea de defensa en situaciones conflictivas. No se trata simplemente de lo que se dice sino de cómo se transmite. Adoptar un enfoque de comunicación calmado, claro y conciso puede evitar que muchos conflictos se agraven. Aquí tienes algunas pautas para manejarte en estas situaciones:

- **Hazlo por escrito:** opta por la comunicación escrita cuando sea posible. Esto te da tiempo para pensar en tu respuesta y establece un registro de lo que se dijo.

- **Mantente en el tema**: mantén las conversaciones centradas únicamente en el tema, evitando comentarios personales o agravios pasados que puedan agravar la situación.

- **Elige un lenguaje neutral**: la elección de palabras importa. Utiliza un lenguaje neutral y objetivo, evitando palabras que tengan un tono emocional o crítico.

Inteligencia emocional en acción

La inteligencia emocional juega un papel crucial a la hora de afrontar escenarios conflictivos. Implica reconocer tus emociones y las de tu expareja, gestionarlas de forma eficaz y responder a las situaciones con empatía y comprensión.

- **Autoconciencia**: sé consciente de tus desencadenantes emocionales y toma medidas para controlar tus reacciones. Esto podría significar tomarte un momento para respirar y recomponerte antes de responder.

- **Empatía**: intenta ver la situación desde la perspectiva de tu expareja, incluso si no estás de acuerdo con ella. Comprender su punto de vista puede proporcionarte información sobre la mejor manera de abordar una resolución.

- **Técnicas de reducción de tensiones**: utiliza tácticas tranquilizadoras, como aceptar discutir el tema más tarde o sugerir un descanso si las conversaciones se vuelven demasiado acaloradas.

Priorizar la perspectiva de los niños

En toda interacción conflictiva, el impacto en los niños debe estar al frente de tus consideraciones. Su bienestar emocional y físico depende de la eficacia con la que gestiones y minimices estos conflictos.

- **Protege a los niños de las disputas**: evita discutir temas polémicos o expresar emociones negativas sobre el otro padre delante de los niños.

- **Mantén rutinas**: mantén las rutinas diarias de los niños lo más estables posible, brindándoles una sensación de seguridad en medio de los conflictos parentales.

- **Líneas abiertas de comunicación**: anima a tus hijos a expresar sus sentimientos sobre la situación, ofreciéndoles tranquilidad y apoyo.

Buscar apoyo externo

A veces, el apoyo externo se vuelve necesario para superar conflictos particularmente difíciles. Este apoyo puede adoptar diversas formas, adaptadas a las necesidades específicas de la situación.

- **Asesoramiento profesional**: contratar a un terapeuta o consejero para ti o para tus hijos puede proporcionar un espacio seguro para trabajar con las emociones y desarrollar mecanismos de afrontamiento.

- **Asesoramiento legal**: en los casos en que los conflictos puedan tener implicaciones legales, consultar con un abogado de derecho familiar puede ofrecer claridad y orientación sobre cómo proceder.

- **Mediador de coparentalidad**: un mediador especializado en cuestiones de coparentalidad puede facilitar las discusiones entre tú y tu expareja, ayudando a encontrar soluciones mutuamente aceptables.

Crear una red de apoyo personal

Más allá del apoyo profesional, construir una red personal de amigos, familiares y pares que comprendan tu situación, puede resultar invaluable. Esta red te ofrecerá apoyo emocional, consejos prácticos y un sentido de comunidad muy necesario.

- **Únete a grupos de apoyo**: conéctate con otras personas en situaciones similares a través de grupos de apoyo locales o en línea. Compartir experiencias y estrategias puede resultar increíblemente enriquecedor.

- **Apóyate en tus seres queridos**: no dudes en recurrir a amigos cercanos o familiares cuando necesites hablar o pedir consejos. Ellos pueden ofrecerte un oído atento y una perspectiva diferente sobre la situación.

El cuidado personal como prioridad

Al gestionar escenarios conflictivos, el cuidado personal a menudo pasa a un segundo plano. Sin embargo, nutrir tu salud física y emocional es crucial para mantener la fuerza y la claridad necesarias para afrontar estos desafíos de forma eficaz.

- **Establece una rutina de autocuidado**: incorpora a tu rutina diaria actividades que reduzcan el estrés y promuevan el bienestar, como el ejercicio físico, la meditación o los pasatiempos.

- **Reserva tiempo para relajarte**: asegúrate de tener tiempo de inactividad para desconectarte y recargar energías, ya sea leyendo un libro, caminando o disfrutando de tu programa favorito.

Transitar con gracia a través de las situaciones conflictivas no se trata de evitar la confrontación a toda costa, sino de elegir sabiamente las batallas, comunicarte de manera efectiva y mantener siempre el bienestar de tus hijos en mente. Al emplear estrategias que promuevan una comunicación clara, inteligencia emocional y una sólida red de apoyo, podrás manejar estos conflictos, proteger tu paz y ofrecer a tus hijos un entorno estable y enriquecedor.

Hacer cumplir los límites a través de medios legales

En la crianza compartida o en paralelo con un ex narcisista, hay ocasiones en las que establecer y comunicar límites puede no ser suficiente. A pesar de la existencia de acuerdos claros e intentos serios de diálogo, algunas exparejas podrían persistir en violar o ignorar los límites establecidos, cruciales para mantener una relación de copaternidad pacífica y constructiva. En estos casos, se vuelve necesario recurrir a vías legales para hacer cumplir los límites, un paso que debes tomar para salvaguardar tu bienestar y, lo más importante, el de tus hijos.

La decisión de recurrir a la intervención legal

La decisión de involucrar mecanismos legales es significativa, y a menudo, llega después de mucha consideración. Marca un punto donde ya se han probado otros métodos para mantener los límites y se ha encontrado que son deficientes, donde la frecuencia o gravedad de las violaciones de los límites impactan el bienestar emocional o físico de los niños. Es un reconocimiento de que se requiere una autoridad externa para lograr el cumplimiento y el respeto de los límites acordados.

- **Documenta los patrones de infracción**: antes de seguir adelante, asegúrate de que exista un registro claro de los casos en los que se ignoraron los límites. Esta documentación debe incluir fechas, descripciones y, si corresponde, cualquier comunicación entre tú y tu expareja con respecto a la infracción.

- **Busca asesoría legal**: interactúa con un profesional legal especializado en derecho de familia, idealmente con experiencia en situaciones de coparentalidad conflictiva. Ellos podrán orientarte sobre las acciones legales más adecuadas adaptadas a tus circunstancias.

Herramientas y enfoques legales

Existen varias vías legales que se pueden explorar para hacer cumplir los límites, cada una con sus propios procesos y resultados potenciales. La elección del camino a seguir debe realizarse en conjunto con tu asesor legal, considerando cuál es el que tiene más probabilidades de lograr el respeto por los límites deseado y al mismo tiempo priorizar el bienestar de los niños.

- **Modificación de las órdenes de custodia**: si las violaciones de los límites afectan directamente el bienestar de los niños, podría estar justificado solicitar al tribunal que modifique las órdenes de custodia existentes. Esto podría incluir ajustes sobre los horarios de visitas o las autoridades encargadas de tomar decisiones para proteger mejor a los niños.

- **Órdenes de restricción**: en situaciones en las que las violaciones derivan en acoso o representan una amenaza para la seguridad, puede ser necesario obtener una orden de restricción contra la expareja. Estas órdenes son instrumentos jurídicos serios diseñados para evitar daños mayores.

- **Procedimientos por desacato**: si se determina que una expareja viola un acuerdo legalmente vinculante o una orden judicial, presentar un procedimiento por desacato puede obligar al cumplimiento. Estos procedimientos pueden dar lugar a diversas sanciones diseñadas para hacer cumplir las directrices del tribunal.

Preparación para procedimientos legales

El camino para hacer cumplir los límites a través de medios legales exige preparación y claridad. Implica una comprensión profunda del proceso legal y la preparación para articular cómo las violaciones afectan a los niños y la dinámica de coparentalidad.

- **Reúne evidencia**: recopila toda la documentación relevante, incluidos registros de comunicación, un registro de violaciones y cualquier evidencia del impacto que estas acciones han tenido en los niños.

- **Declaraciones de testigos**: si otras personas han sido testigos de violaciones de límites o sus efectos, sus declaraciones pueden agregar peso a tu caso. Esto podría incluir maestros, consejeros o familiares que hayan observado cambios en el comportamiento o el bienestar de los niños.

- **Representación legal**: asegúrate de contar con una representación legal competente, un profesional que pueda gestionar las complejidades del derecho de familia y que comprenda los matices de tu situación. Ellos serán tus defensores y presentarán tu caso de forma clara y eficaz para lograr el mejor resultado posible.

El impacto en los niños

El bienestar de los niños está en el corazón de la decisión de hacer cumplir los límites legalmente. Cada acción legal debe sopesarse frente a su impacto potencial en ellos, teniendo como principio rector su bienestar emocional y físico.

- **Minimizar la exposición**: protege a los niños de los procedimientos legales tanto como sea posible. Si bien los niños mayores pueden ser conscientes de la situación, es fundamental garantizarles su seguridad y estabilidad. Los niños no deben sentirse responsables de las acciones de sus padres.

- **Apoyo profesional**: considera solicitar la ayuda de psicólogos o consejeros infantiles para ayudar a los niños a superar cualquier sentimiento de incertidumbre o estrés relacionado con las acciones legales que se están tomando.

Recurrir a medidas legales para hacer cumplir los límites de la paternidad compartida es un paso que se toma con cuidado, arraigado en el deseo de crear un entorno respetuoso y estable en el que tus hijos puedan prosperar. A menudo es necesario cuando se trata de un ex narcisista. Subraya el compromiso de defender las estructuras necesarias para el bienestar de todos, incluso frente a desafíos que requieren intervención judicial.

Enseñar a los niños la importancia de los límites

En la dinámica familiar, especialmente si se considera la crianza compartida o la crianza paralela con un ex narcisista, impartir el valor de los límites a los niños es un aspecto fundamental para su desarrollo emocional y relacional. Esta educación les brinda las habilidades para lidiar con las complejidades de los hogares duales y sienta las bases para sus futuras interacciones y relaciones.

La esencia de enseñar a los niños sobre los límites gira en torno a ayudarlos a comprender su propio espacio, emociones y necesidades y cómo comunicar y afirmar respetuosamente estos aspectos en sus interacciones con ambos padres. Se trata de inculcarles un sentido de respeto y empatía, asegurando que se conviertan en personas capaces de entablar relaciones sanas y equilibradas.

Iniciar conversaciones sobre límites

Iniciar conversaciones abiertas sobre el concepto de los límites es el primer paso. Estas conversaciones deben ser apropiadas para la edad y basarse en ejemplos relevantes a sus experiencias diarias. Para los niños más pequeños, esto podría implicar explicaciones sencillas sobre el espacio personal o la importancia de pedir permiso antes de tomar el juguete de un hermano. Para niños mayores y adolescentes, el diálogo puede ampliarse para incluir discusiones sobre límites emocionales, privacidad y los matices del consentimiento en diversos contextos.

- **Utiliza escenarios identificables**: recurre a ejemplos de libros infantiles, películas o experiencias personales para ilustrar los límites y por qué son importantes.

- **Fomenta las preguntas**: haz que estas conversaciones sean interactivas, permitiendo que tus hijos hagan preguntas y expresen sus pensamientos sobre los límites.

Modelando el establecimiento de límites y el respeto

Los niños aprenden mucho al observar a los adultos en sus vidas. Por lo tanto, es crucial enseñarles con el ejemplo el establecimiento de límites saludables y el respeto, en tus interacciones con ellos y con los demás. Esto implica:

- **Demostrar consentimiento**: siempre pídeles permiso antes de demostrarles afecto físico y respeta su respuesta, demostrando que valoras su autonomía.

- **Respetar sus límites**: honra los límites que tus hijos establecen, ya sea que soliciten tiempo a solas o que no quieran discutir un tema determinado, reforzando la importancia del respeto mutuo.

Ejercicios prácticos para establecer límites

Involucra a tus hijos en ejercicios prácticos que les permitan poner en práctica el establecimiento y el respeto de límites. Los escenarios de juego de roles, en los que pueden actuar en situaciones hipotéticas que impliquen el establecimiento de límites, pueden ser particularmente efectivos. Además, crear juntos reglas familiares que incluyan límites en torno al espacio personal, las pertenencias compartidas y el tiempo en familia, puede ofrecer aplicaciones prácticas de estos conceptos.

- **Juegos de rol**: utiliza escenarios imaginarios o experiencias pasadas en las que hayan necesitado imponer un límite y oriéntalos para manejarlo de manera respetuosa y eficaz.

- **Lluvia de ideas sobre reglas familiares**: elaboren juntos un conjunto de reglas familiares acerca del respeto del espacio personal, las pertenencias y la necesidad de privacidad de todos, destacando cómo operan los límites dentro de la unidad familiar.

Apoyarlos en disputas de límites

Los niños inevitablemente enfrentarán situaciones en las que sus compañeros, miembros de la familia o sus interacciones con cada padre desafiarán sus límites. Brindar apoyo y orientación sobre cómo manejar estos casos es clave. Esto implica:

- **Escuchar sin juzgar**: cuando tu hijo exprese preocupación por el hecho de que se haya traspasado un límite, escúchalo con atención y ofrécele apoyo y comprensión.

- **Resolver problemas juntos**: discutir posibles soluciones o formas de hacer valer sus límites en el futuro, capacitándolos para manejar situaciones similares de forma independiente.

El papel de la coherencia

La coherencia al discutir, respetar y hacer cumplir los límites dentro del entorno familiar es vital. Esta coherencia refuerza la importancia y validez de los límites, ayudando a los niños a internalizar estos conceptos a medida que crecen. Asegúrate de que las reglas y expectativas en torno a los límites se respeten en ambos hogares, proporcionando un marco estable que respalde su desarrollo.

Al implementar límites en la educación de tus hijos, les brindarás las herramientas para manejar las complejidades de un hogar dual y en el espectro más amplio de relaciones que encontrarán a lo largo de sus vidas. Esta educación fomenta un sentido de respeto, empatía y autoconciencia, sentando una base sólida para su bienestar emocional y relacional.

A medida que este capítulo llega a su fin, queda clara la importancia de los límites y su papel en el apoyo al delicado equilibrio de la paternidad compartida o la paternidad paralela con un ex narcisista. Los límites saludables también conducirán a relaciones respetuosas en todas las áreas de sus vidas. Con una base sólida de establecimiento de límites y respeto, nos enfocamos en fomentar la resiliencia y el crecimiento dentro de nuestra dinámica familiar, explorando nuevas vías para fortalecer y apoyar el bienestar emocional y psicológico de nuestros hijos.

Capítulo 7

Elaboración de un plan para el éxito: el plan de crianza compartida

C rear un plan de crianza compartida proporcionará estructura y claridad a lo que a menudo parece imposible. Puedes transformar el caos en armonía estableciendo un marco que detalle cada aspecto de la crianza de tus hijos, desde las rutinas diarias hasta los procesos de toma de decisiones.

Componentes de un plan de crianza compartida exitoso

La fortaleza de un plan de co-crianza efectivo radica en que sea exhaustivo y haya previsto y hecho disposiciones para todas las contingencias previsibles. No debería dejar lugar a la ambigüedad. A continuación te indicamos cómo asegurarte de que tu plan de crianza compartida cubra todos los aspectos básicos:

Un horario claro

- **Días de rutina**: detalla con quién estarán los niños entre semana y fines de semana. Considera la logística, como dejar a los niños en la escuela y actividades extracurriculares, con el objetivo de minimizar la interrupción en la vida diaria de los niños.

- **Días festivos y ocasiones especiales**: dividan los días festivos, cumpleaños y vacaciones, asegurando que ambos padres tengan tiempo significativo con los niños. Alternar los principales días festivos cada año puede hacer que los arreglos sean justos.

- **Cambios inesperados**: incluyan un protocolo para manejar los cambios de último momento, establecer un plazo para las notificaciones y un acuerdo sobre cómo se gestionarán estas alteraciones.

Proceso de toma de decisiones

- **Atención médica**: especifiquen quién tomará las decisiones sobre cuestiones de salud de los niños, desde la elección de proveedores de atención médica hasta la gestión de emergencias.

- **Educación**: describan cómo se tomarán las decisiones educativas, incluida la elección de escuelas, la participación en actividades extracurriculares y la asistencia a reuniones de padres y maestros.

- **Bienestar general**: determinen cómo se tomarán las decisiones sobre el bienestar general de los niños, cubriendo áreas como religión, educación cultural y estrategias disciplinarias.

Pautas de comunicación

- **Frecuencia y método**: acuerden con qué frecuencia y a través de qué canales (por ejemplo, correo electrónico, aplicaciones de crianza compartida) se comunicarán sobre los niños.

- **Contactos de emergencia**: proporcionen una lista de contactos de emergencia, asegurando que ambos padres puedan acceder a información esencial.

- **Tono respetuoso**: comprométanse a mantener un tono respetuoso en todas las comunicaciones, centrándote en las necesidades de los niños.

Responsabilidades financieras

- **Manutención infantil**: detallen los arreglos de manutención infantil, incluidos los cronogramas de pago y las condiciones para la reevaluación.

- **Gastos adicionales**: acuerden cómo se dividirán otros gastos relacionados con los niños (facturas médicas, cuotas escolares, actividades extracurriculares).

Responsabilidades y derechos de los padres

- **Acceso a la información**: asegúrense de que ambos padres tengan igual acceso a los registros académicos, la información médica y las actualizaciones sobre actividades extracurriculares de los niños.

- **Derecho a la privacidad**: respeten la privacidad de cada uno aceptando no participar en comportamientos como visitas sin previo aviso o utilizar a los niños para obtener información sobre el otro padre.

Personalización de tu plan de crianza compartida con un ex narcisista

Elaborar un plan de crianza compartida con un ex narcisista requiere un enfoque matizado. La naturaleza impredecible de esta relación exige estrategias que anticipen desafíos potenciales y al mismo tiempo sean lo suficientemente flexibles para adaptarse a cambios imprevistos. Aquí, el enfoque se dirige hacia la creación de un plan de crianza compartida que aborde tanto las consideraciones logísticas y emocionales estándar, como a incorporar mecanismo de seguridad y de comunicación para reducir los conflictos y mejorar la cooperación.

Comprender el narcisismo en el contexto de la crianza compartida

Es fundamental reconocer cómo se manifiestan los rasgos narcisistas en escenarios de coparentalidad. Esta comprensión permite la personalización del plan de crianza compartida, asegurándonos de que se tengan en cuenta situaciones en las que el comportamiento del ex narcisista podría alterar la armonía y la estabilidad. Por ejemplo, los narcisistas a menudo buscan control y pueden utilizar la comunicación sobre los niños para ejercer este control o manipulación. Por lo tanto, un plan de co-crianza personalizado incluye protocolos de comunicación específicos para minimizar estas oportunidades, utilizando aplicaciones o software neutrales de terceros para compartir información y programar las actividades.

Protocolos de comunicación personalizados

El corazón de cualquier plan de coparentalidad reside en sus estrategias de comunicación. Al tratar con un ex narcisista, estas estrategias deben ser particularmente sólidas e incorporar:

- **Canales especializados**: especifiquen el uso de una aplicación de co-crianza que registre conversaciones e intercambios, garantizando que toda la comunicación sea transparente y responsable.

- **Límites de contenido**: definan claramente qué tipos de comunicación son aceptables, centrándose estrictamente en las necesidades de los niños. Esto podría incluir establecer límites en torno a la frecuencia de la comunicación para prevenir el acoso.

- **Lenguaje neutral**: acuerden un requisito de lenguaje neutral en todas las comunicaciones, incluyendo potencialmente ejemplos de lenguaje aceptable e inaceptable para guiar las interacciones.

Toma de decisiones estructurada

Las decisiones relativas al bienestar de los niños pueden convertirse en campos de batalla. Para evitar esto, el plan de coparentalidad debe especificar:

- **Áreas de toma de decisiones individuales y conjuntas**: delinear qué tipos de decisiones puede tomar cada padre de forma independiente y cuáles requieren consulta. Esta aclaración puede reducir los casos de toma de decisiones unilaterales que pueden conducir a conflictos.

- **Proceso de toma de decisiones**: para decisiones que requieran consulta conjunta, determinen un proceso paso a paso, que incluya cómo se resolverán los desacuerdos, posiblemente incorporando un mediador neutral si no se puede llegar a un consenso.

Anticipar y gestionar conflictos

Dado el potencial conflictivo de la situación, el plan de crianza compartida debe abordar de manera proactiva cómo se manejarán las disputas:

- **Estrategias de resolución de conflictos**: incorporar estrategias como un período de reflexión, durante el cual se pospongan las decisiones hasta que ambas partes puedan abordar el tema con más calma.

- **Uso de mediadores**: identificar situaciones en las que la participación de un mediador, GAL y/o abogado podría ser beneficiosa, especificando cómo y cuándo contratar los servicios de mediación.

Acuerdos financieros

Las obligaciones financieras a menudo se convierten en un tema de discordia. Para mitigar esto, es importante incluir:

- **Contabilidad transparente**: el uso de herramientas en línea compartidas para realizar un seguimiento de los gastos relacionados con los niños, puede garantizar que ambos padres tengan acceso a la información financiera actualizada.

- **Revisiones periódicas**: programen revisiones anuales de las contribuciones financieras y los gastos relacionados con los niños, permitiendo ajustes basados en cambios en las circunstancias financieras o las necesidades de los niños.

Flexibilidad por el bien de los niños

Las necesidades de los niños evolucionan y el plan de coparentalidad debe adaptarse en consecuencia. Esta flexibilidad es aún más crucial cuando uno de los padres muestra tendencias narcisistas, ya que su cooperación puede variar con el tiempo. Incluir disposiciones para la revisión y ajuste periódicos del plan de crianza compartida puede garantizar que se mantenga relevante y efectivo. Estas revisiones son oportunidades para reevaluar la funcionalidad actual del plan y realizar las modificaciones necesarias para respaldar las necesidades e intereses cambiantes de los niños.

Medidas de protección para situaciones conflictivas

En dinámicas conflictivas, las medidas de protección dentro del plan de crianza compartida pueden ofrecer un amortiguador para los niños y el padre no narcisista, incluyendo:

- **Protocolos de seguridad**: en casos extremos, es necesario establecer protocolos de seguridad para los niños y el padre no narcisista, incluyendo las condiciones bajo las cuales las visitas supervisadas podrían ser necesarias.

- **Plan de respuesta a emergencias**: describan un plan claro de respuesta a emergencias que detalle los pasos a seguir en caso de crisis para garantizar la seguridad y el bienestar de los niños.

Apoyar la relación de los niños con ambos padres

A pesar de los desafíos, es vital fomentar una relación positiva entre los niños y ambos padres. El plan de coparentalidad debe:

- **Fomentar el diálogo positivo**: deben comprometerse a hablar positivamente (o al menos neutralmente) sobre el otro padre en presencia de los niños.

- **Facilitar tiempo de calidad**: deben asegurarse de que la agenda de crianza compartida permita un compromiso significativo con ambos padres, respetando los deseos y niveles de comodidad de los niños.

Documentación y consideraciones legales

Dado el potencial de desacuerdos o disputas, documentar e incorporar el plan de crianza compartida en el acuerdo de custodia legal puede brindar seguridad y ejecutabilidad. Esta documentación sirve como punto de referencia para ambos padres, ofreciendo claridad y reduciendo la probabilidad de malentendidos.

Al integrar estas estrategias personalizadas en tu plan de crianza compartida, el objetivo es crear un marco que no solo satisfaga las necesidades logísticas y emocionales de la crianza compartida con un ex narcisista, sino que también priorice el bienestar y la estabilidad de los niños por encima de todo. Al anticipar desafíos potenciales e incorporar mecanismos para gestionarlos de manera efectiva, este plan de crianza compartida personalizado sirve como un modelo dinámico para manejar las complejidades de criar hijos en un acuerdo de co-crianza compartida conflictivo.

Uso de la mediación para facilitar los acuerdos

En el ámbito de la crianza compartida, especialmente cuando uno de los padres exhibe rasgos narcisistas, lograr un acuerdo mutuamente beneficioso a veces puede parecer inalcanzable. En este caso, la mediación es un proceso estructurado destinado a salvar divisiones. En este segmento, exploraremos cómo la mediación puede ser un instrumento fundamental en la formulación de un plan de coparentalidad, que respete las perspectivas de ambos padres, y al mismo tiempo mantenga en primer plano los intereses de los niños.

El rol de un mediador

La mediación involucra a un tercero neutral, el mediador, que facilita las discusiones entre los padres. A diferencia de un juez, un mediador no toma decisiones sino que ayuda a los padres a encontrar puntos en común. Guían la conversación, asegurando que ambas voces sean escuchadas y valoradas. Este enfoque es particularmente eficaz cuando la comunicación directa puede generar conflictos o desequilibrios de poder que podrían obstaculizar el diálogo abierto. Estos son algunos factores que podría aportar la mediación:

- **Espacio neutral**: el mediador crea un ambiente seguro y neutral para las discusiones, lejos de las cargas emocionales de los espacios compartidos en el pasado.

- **Proceso estructurado**: mantienen la conversación enfocada y encaminada, utilizando técnicas estructuradas para explorar opciones y probar soluciones.

- **Conocimientos y experiencia**: con experiencia en resolución de conflictos, los mediadores aportan una gran cantidad de estrategias diseñadas para abordar las complejidades de la dinámica de coparentalidad.

Beneficios de la mediación en la crianza compartida

Cuando se comparte la paternidad con un ex narcisista, los beneficios de la mediación se extienden más allá del objetivo inmediato de llegar a un acuerdo. Este proceso puede transformar la forma en que interactúan los padres, sentando las bases para una comunicación más positiva.

- **Reducción de conflictos**: al centrarse en la resolución de problemas en lugar de culpar, la mediación puede bajar la temperatura de las interacciones, reduciendo el potencial de conflictos futuros.

- **Empoderamiento**: los padres a menudo se sienten más involucrados en los acuerdos en los que han participado. La mediación empodera a ambas partes, dándoles una sensación de control sobre el resultado.

- **Flexibilidad**: a diferencia de las órdenes judiciales, los resultados de la mediación pueden personalizarse en gran medida para adaptarse a las necesidades únicas de la familia, ofreciendo soluciones prácticas y creativas.

- **Rentabilidad**: la mediación puede ser más rentable que el litigio, ahorrando a los padres los gastos financieros y emocionales de los procedimientos judiciales.

- **Preservación de las relaciones**: al promover la comunicación respetuosa y el entendimiento mutuo, la mediación puede ayudar a preservar la relación de coparentalidad, beneficiando a los niños a largo plazo.

Preparación para la mediación

La preparación es clave para maximizar las posibilidades de una mediación exitosa. Esto implica prepararse emocionalmente y recopilar la información y los conocimientos necesarios para contribuir eficazmente a la discusión.

- **Establece objetivos claros**: ten claro lo que esperas lograr a través de la mediación. Esta claridad te ayudará a mantenerte enfocado durante las discusiones.

- **Reúne documentación**: lleva todos los documentos relevantes al proceso de mediación, como registros de comunicación, horarios de los niños o acuerdos previos.

- **Reflexiona sobre los puntos de flexibilidad**: identifica las áreas en las que estás dispuesto a hacer concesiones y aquellas en las que necesitas mantenerte firme, entendiendo que la flexibilidad a menudo conduce a resultados más favorables.

Durante la mediación

La sesión de mediación es una oportunidad estructurada para trabajar hacia un plan de copaternidad mutuamente aceptable. A continuación se presentan algunas estrategias para garantizar que el proceso sea lo más productivo posible.

- **Escucha activamente**: presta atención cuando tu expareja hable. Comprender su perspectiva, incluso si no estás de acuerdo, puede proporcionarte información valiosa.

- **Utiliza declaraciones en primera persona**: habla desde tu propia experiencia para reducir la actitud defensiva. Por ejemplo, "Me siento abrumado cuando..." en lugar de "Tú siempre..."

- **Mantén el enfoque en los niños**: centra la conversación en las necesidades de los niños. Esta prioridad compartida a menudo puede ser un factor unificador.

- **Toma descansos si es necesario**: no dudes en solicitar un breve descanso para recomponerte y volver a enfocarte si las emociones están a flor de piel.

Después de la mediación

Después de una mediación exitosa, es importante formalizar el acuerdo para garantizar que ambas partes tengan claros sus compromisos.

- **Acuerdo por escrito**: pídele que el mediador redacte una versión escrita del plan de crianza compartida acordado durante la sesión. Este documento debe detallar las responsabilidades, horarios y protocolos de comunicación decididos.

- **Revisión legal**: considera la posibilidad de que un abogado revise el acuerdo para garantizar que cumpla con los estándares legales y para explorar si debe presentarse al tribunal para su aprobación oficial.

- **Plan de implementación**: desarrollen un plan claro para poner el acuerdo en acción. Esto podría implicar configurar calendarios compartidos, descargar aplicaciones de coparentalidad o programar reuniones de seguimiento para revisar cómo funciona el acuerdo.

La mediación puede ofrecer un camino para alejarse del conflicto y acercarse a la cooperación, haciendo hincapié en la resolución de problemas, el respeto mutuo y, sobre todo, el bienestar de los niños involucrados. A través de este proceso, los padres pueden ir más allá de sus diferencias y elaborar un plan de crianza compartida que sirva como una base sólida para su nueva dinámica familiar.

Ajustar el plan de coparentalidad a medida que los niños crecen

A medida que los niños evolucionan de una etapa de desarrollo a la siguiente, sus necesidades, intereses y rutinas también cambian. Este cambio dinámico requiere que el plan de coparentalidad ideado con tu expareja, que muestra comportamientos narcisistas, no permanezca estático. Debe ser un documento vivo, lo suficientemente flexible como para adaptarse a las necesidades de maduración de tus hijos. Este enfoque garantiza que la estrategia de crianza siga sirviendo a los intereses de tus hijos, brindándoles la estabilidad y el apoyo que necesitan en cada etapa de su vida.

Reconocer las señales para una revisión

Los cambios significativos en la vida de los niños a menudo exigen ajustes en el plan de coparentalidad. Estos pueden incluir la transición a un nuevo nivel escolar, el desarrollo de nuevos intereses o necesidades de salud, o cambios en la situación de vida de cualquiera de los padres. Ambos padres deben permanecer atentos a estas señales de cambio, entendiendo que el plan de crianza compartida original, si bien fue efectivo en su momento, puede que ya no aborde completamente las necesidades actuales de sus hijos.

- **Cambios académicos**: a medida que los niños progresan en la escuela, sus compromisos académicos y actividades extracurriculares se vuelven más exigentes. Esto puede requerir ajustes en el cronograma de crianza compartida para adaptarse a estas nuevas responsabilidades.

- **Desarrollo social**: los círculos sociales de los niños se expanden con la edad y comienzan a valorar pasar más tiempo con sus amigos. Es posible que el plan de crianza compartida requiera flexibilidad para actividades sociales, pijamadas y fiestas de cumpleaños.

- **Salud y bienestar**: cualquier cambio en la salud o el bienestar emocional de un niño debe provocar una revisión del plan de crianza compartida. Esto garantiza que ambos padres estén alineados en su enfoque hacia el cuidado de la salud, el apoyo emocional y cualquier adaptación necesaria.

Iniciar un diálogo productivo

Cuando resulta evidente que el plan de crianza compartida requiere una revisión, el siguiente paso es iniciar un diálogo productivo con tu expareja. Esta conversación debe centrarse en las necesidades cambiantes de los niños, con el objetivo de dejar de lado las diferencias personales en favor de su beneficio.

- **Prepara tus puntos**: antes de la discusión, enumera las razones específicas por las que crees que se necesitan ajustes, enfocándote en ejemplos concretos que ilustren cómo han cambiado las necesidades de tus hijos.

- **Busca puntos en común**: aborda la conversación con la intención de buscar soluciones que beneficien a los niños, con el objetivo de encontrar puntos en común con tu expareja a pesar de los conflictos del pasado.

Incorporar las voces de los niños

A medida que los niños crecen, desarrollan sus propias opiniones y preferencias sobre sus arreglos y horarios de vida. Es necesario escuchar y considerar sus voces al revisar el plan de crianza compartida. Esto respeta su creciente autonomía y garantiza que el plan se alinee con sus necesidades y deseos.

- **Discusiones apropiadas para la edad**: habla abiertamente con tus hijos sobre sus deseos, asegurándote de que estas discusiones sean apropiadas para su edad y que los niños comprendan que el objetivo es apoyar su bienestar.

- **Equilibrar las preferencias con las necesidades**: si bien se deben considerar las preferencias de los niños, también es crucial equilibrarlas con sus necesidades generales de estabilidad, educación y bienestar.

Utilizar asistencia profesional

Ajustar un plan de crianza compartida, especialmente en situaciones que involucran a una expareja narcisista, puede resultar complejo. Buscar asistencia profesional de mediadores, psicólogos infantiles, tutores ad litem (GAL) o abogados puede brindar el apoyo necesario para afrontar estos ajustes con éxito.

- **Servicios de mediación**: un mediador puede facilitar las discusiones entre los padres, ayudando a llegar a un acuerdo que refleje las necesidades cambiantes de los niños.

- **Expertos en desarrollo infantil**: consultar con psicólogos infantiles o expertos en desarrollo puede ofrecer información sobre qué ajustes podrían beneficiar a los niños en las diferentes etapas de su crecimiento.

Implementación y revisión de ajustes

Una vez que se llegue a un acuerdo sobre los ajustes necesarios, el plan de coparentalidad revisado debe implementarse con una comunicación clara y coherente. También es vital establecer un proceso para revisar periódicamente el plan, asegurando que continúe satisfaciendo las necesidades de los niños a lo largo del tiempo.

- **Documenten los cambios**: cualquier ajuste al plan de crianza compartida debe documentarse por escrito, y ambos padres deben firmar y conservar una copia. Esto garantiza claridad y responsabilidad.

- **Revisiones programadas**: establezcan intervalos regulares para revisar el plan de crianza compartida, como anualmente o durante transiciones importantes de la vida, para evaluar su efectividad y realizar ajustes adicionales.

La esencia de un plan de coparentalidad exitoso radica en su capacidad para adaptarse al panorama cambiante de la vida de tus hijos. Manteniéndote atento a sus necesidades, entablando un diálogo abierto con tu expareja y buscando orientación profesional, puedes asegurarte de que el plan de coparentalidad siga siendo una base sólida para el crecimiento y el bienestar de tus hijos. Este enfoque flexible no solo respalda las diversas necesidades de tus hijos a través de las diferentes etapas de su desarrollo, sino que también fomenta una relación de copaternidad que prioriza su bienestar por encima de todo.

Capítulo 8

Reconstrucción y búsqueda de la felicidad después del divorcio

L a tinta se seca sobre los papeles del divorcio y, de repente, el mundo parece vasto e intimidante. Te encuentras en una encrucijada, con el camino detrás de ti lleno de lo que fue y los caminos por delante rebosantes de posibilidades de lo que podría ser. Si bien es desalentador, este momento también promete crecimiento, renovación y felicidad. El fin de un matrimonio o una relación, especialmente uno enredado en el narcisismo, puede hacerte sentir que tu vida se desmorona. Sin embargo, es en este contexto donde ocurre el crecimiento personal, y puedes crear un futuro positivo para ti.

Estrategias para crear un hogar positivo después del divorcio

Abraza el poder de la reflexión

Has terminado tu matrimonio o relación con un narcisista, el padre de tus hijos. Ya sea que hayas decidido practicar la crianza compartida o en paralelo para criar a tus hijos, ahora puedes seguir adelante y dedicar algo de tiempo a crear tu nuevo ambiente familiar en tu hogar. Este esfuerzo va más allá del simple mantenimiento de rutinas; se trata de crear activamente un ambiente donde florezcan la alegría, el amor y la seguridad, permitiendo a tus hijos adaptarse y encontrar la felicidad en medio del cambio. Necesitas reconstruirte a ti mismo y a tu entorno no sólo por tus hijos, sino también por ti mismo. Una versión fuerte, dinámica, vibrante y feliz de ti mismo, beneficiará a todos.

Priorizar la seguridad emocional

Ante todo, la seguridad emocional es la base sobre la que se construye un ambiente hogareño positivo. Los niños necesitan sentirse escuchados, vistos y valorados, libres de expresar sus pensamientos y emociones sin temor a ser juzgados o desestimados. Esto comienza con conversaciones abiertas y periódicas en las que puedan compartir sus sentimientos sobre el divorcio y cualquier cambio en la dinámica familiar.

- Fomenta los chequeos diarios, utilizando los momentos de las comidas o de acostarse como oportunidades para conversar.

- Presenta gráficos o diarios de emociones para los niños más pequeños, para ayudarlos a expresar sus sentimientos.

Mantener la coherencia

El torbellino del divorcio altera la dinámica familiar, haciendo que la coherencia en el hogar sea más crucial que nunca. Esfuérzate por mantener intactas las rutinas diarias, desde las horas de comer y dormir hasta las actividades extraescolares. Esta coherencia proporciona una sensación de normalidad y seguridad, y sirve como recordatorio de que algunas cosas permanecerán inalteradas a pesar de la agitación.

- Crea horarios visuales para los niños más pequeños para ayudarlos a comprender y anticipar las rutinas diarias y semanales.

- Involucra a los niños mayores en la planificación de sus horarios, dándoles poder de control y responsabilidad.

Crear un espacio de pertenencia

Todo niño necesita un santuario, un espacio donde sentirse completamente a gusto. En un hogar post-divorcio, es clave garantizar que cada niño tenga un espacio que refleje su personalidad e intereses. Esto podría significar redecorar su habitación para que coincida con sus pasiones actuales o reservar un rincón de la sala para sus manualidades o libros.

- Involucra a los niños en la personalización de sus espacios, desde los colores de la pintura hasta las decoraciones.

- Establece espacios familiares colocando fotografías y recuerdos que celebren momentos felices y logros importantes.

Fomentar la comunicación abierta

El divorcio puede generar preguntas, y es posible que los niños duden en hacerlas. Fomentar un entorno donde se fomente y celebre la comunicación abierta garantiza que nunca se sientan solos con sus pensamientos. Esto implica estar disponible, atento y dispuesto a escuchar y responder con honestidad y empatía.

- Reserva reuniones familiares periódicas donde todos puedan expresar sus pensamientos, inquietudes y sugerencias.

- Utiliza libros de cuentos o películas que aborden temas de cambio y resiliencia como iniciadores de conversación para abordar sus sentimientos.

Fomentar experiencias positivas

Crear experiencias positivas ayuda a contrarrestar el estrés y la tristeza que puede traer el divorcio. Esto no requiere grandes gestos; en cambio, se trata de aprovechar la alegría de lo cotidiano. Cosas cotidianas como cocinar o ver una película juntos, pasear por la naturaleza los fines de semana o juegos de mesa nocturnos, pueden servir como recordatorios del amor y la felicidad que unen a la familia.

- Planifica "días de aventuras" regulares en los que cada niño pueda elegir una actividad para que la familia disfrute junta.

- Inicia nuevas tradiciones que celebren la resiliencia y la unidad de tu familia, como un frasco de gratitud mensual.

Apoyar las relaciones sociales

Una sólida red de apoyo de amigos y familiares es fundamental en la adaptación de un niño después del divorcio o la separación. Anima a los niños a mantener y cultivar estas relaciones, brindándoles oportunidades de interacción social fuera de la familia inmediata.

- Coordina citas para jugar o pijamadas con amigos, esto proporciona una sensación de continuidad en sus vidas sociales.

- Facilita visitas periódicas o llamadas por Facetime con familiares, reforzando la red de amor y apoyo que los rodea.

Promover de la resiliencia a través del ejemplo

Los niños aprenden resiliencia no sólo a través de las palabras sino también al presenciarla en acción. Al afrontar el panorama posterior al divorcio con fuerza, optimismo y voluntad de buscar alegría y crecimiento, tú serás un modelo de resiliencia para tus hijos, y ellos se darán cuenta de esto. Esto significa aceptar el cambio, celebrar el progreso y mostrar amabilidad y perdón hacia uno mismo y hacia los demás.

- Comparte con tus hijos historias de desafíos personales y cómo los superaste, destacando las lecciones aprendidas.

- Demuéstrales prácticas de autocuidado, enseñando a los niños la importancia de cuidar su bienestar físico y mental.

Cómo afrontar los desafíos con empatía y respeto

A pesar de tener las mejores intenciones, los desafíos son inevitables a medida que el hogar familiar cambia y se ponen a prueba las lealtades. Es fundamental afrontar estos momentos con empatía y respeto, priorizando siempre el bienestar emocional de los niños.

- Cuando surjan conflictos, abórdalos de manera directa pero gentil, esforzándote por encontrar soluciones que respeten los sentimientos y necesidades de todos.

- Se consciente de los vínculos de lealtad de los niños. Es posible que se sientan divididos entre el afecto por su padre o madre biológica y su creciente apego a su "nueva vida" sin ese padre viviendo en la misma casa. Asegúrales que está bien ser feliz en su "nuevo hogar" sin el otro padre viviendo con ellos.

- Mantén la coherencia en el plan de crianza compartida o de crianza paralela para todas las decisiones parentales y las reglas del hogar. La coherencia en estas áreas proporciona estabilidad y claridad a los niños.

Celebrar las pequeñas victorias: un camino hacia la renovación

Después de un divorcio, especialmente de una pareja marcada por el narcisismo, el panorama de la vida puede parecer desalentador, lleno de desafíos tanto grandes como pequeños. Sin embargo, en medio de esto, existe una oportunidad de crecimiento y sanación, que a menudo se encuentra al reconocer y celebrar las pequeñas victorias que se producen en el camino. Estos momentos, aparentemente intrascendentes en la superficie, son la base de un nuevo sentido de identidad y de una vida recuperada de las sombras de un pasado traumático.

Abrazar la autocompasión

La autocompasión es un elemento crucial a la hora de celebrar pequeñas victorias. El período posterior al divorcio puede estar plagado de dudas y críticas hacia ti mismo, especialmente en situaciones en las que te estás reconstruyendo tras una relación narcisista. Tratarte a ti mismo y a tus hijos con amabilidad y comprensión fomenta un ambiente interno de apoyo donde las victorias, por pequeñas que sean, se puedan apreciar plenamente. Tus hijos siempre te están observando e imitarán tu comportamiento; enséñeles la importancia del cuidado personal.

- Practica la atención plena y el diálogo interno positivo. Contrarresta los pensamientos negativos con recordatorios de tus fortalezas y del progreso que has logrado.

- Permítete sentirte orgulloso de tus logros sin minimizarlos. Recuerda que cada paso adelante es una victoria en sí misma.

Encontrar alegría en lo cotidiano

Esto significa cambiar el enfoque de lo que se ha perdido hacia las oportunidades y placeres que ahora se encuentran ante ti. Ayuda a tus hijos a hacer este cambio y a centrarse en las nuevas oportunidades que se avecinan para la familia. Podría ser la simple alegría de una mañana tranquila, la risa compartida con un amigo o la satisfacción de completar una tarea. Estos momentos contribuyen a una creciente sensación de felicidad y satisfacción cuando se reconocen y celebran.

- Adquiere el hábito de identificar al menos una cosa que te brinde alegría o satisfacción cada día. Reflexiona sobre por qué fue significativa y cómo contribuyó a tu día. Intenta que tus hijos también lo hagan.

- Participa y anima a tus hijos a participar en actividades que les brinden felicidad, ya sea un pasatiempo creativo, realizar ejercicio físico o pasar tiempo en la naturaleza. Celebra la libertad de perseguir estos intereses en tus propios términos.

Cultivar la gratitud

Cultivar una mentalidad de gratitud va de la mano con celebrar las pequeñas victorias. Al centrarte en los aspectos positivos de tu vida, incluyendo tu progreso y crecimiento personal, refuerzas una perspectiva positiva que respalda la curación y el desarrollo continuos. Esto es crucial para tu familia.

- Lleva un diario de gratitud en el que tú y los niños enumeren las cosas diarias por las que están agradecidos. Guárdalo en un lugar central, como en la cocina, donde los niños puedan verlo y acceder a él a menudo. Si tus hijos son pequeños, haz un arcoíris de gratitud. Ve a la tienda y compra algunas hojas de cartulina de colores (rojo, naranja, amarillo, verde, azul, morado). Córtalos en tiras largas y finas, pídele a tus hijos que te digan algo por lo que estén agradecidos y escríbelo en las diferentes tiras. Luego, juntos, construyan un arcoíris y cuélguenlo en el refrigerador, será un bonito recordatorio visual para ellos.

- Expresa gratitud a quienes te apoyan, ya sea mediante un simple "gracias", una nota o un gesto de agradecimiento. Permite que tus hijos te vean haciendo esto y explícales lo que estás haciendo. Reconocer el rol de los demás en tu viaje resalta la red interconectada de apoyo que te rodea a ti y a los niños. Esto hará que los niños se sientan más seguros y apoyados.

Celebrar las pequeñas victorias en el camino hacia la renovación pos-divorcio no se trata sólo de marcar logros; se trata de redefinir tu viaje en términos de crecimiento, resiliencia y la capacidad de encontrar alegría y significado en la vida cotidiana. Es una práctica que eleva la moral y fomenta el optimismo y la gratitud, sentando las bases para un futuro lleno de potencial y felicidad.

Preparar a tu familia para el futuro contra la influencia narcisista

Después de un divorcio, especialmente uno que involucra a una pareja con rasgos narcisistas, los ecos de esa influencia pueden persistir, moldeando sutilmente la dinámica de tu familia. Por lo tanto, es fundamental implementar medidas que no sólo protejan a tu familia de estos restos de influencia, sino que también fortalezcan la resiliencia emocional y psicológica de tus seres queridos. Esta postura proactiva no se trata de construir muros sino de fomentar un entorno donde se salvaguarden el bienestar y la estabilidad de tu familia.

Desarrollar la resiliencia emocional en tus hijos

Los niños, con su notable adaptabilidad, también son vulnerables a las corrientes subyacentes de la manipulación emocional. Prepararlos para el futuro contra tal influencia implica enseñarles a reconocer y articular sus emociones, comprender los límites y evaluar críticamente sus interacciones y relaciones.

- **Habilidades de pensamiento crítico**: involucra a tus hijos en discusiones, animándolos a pensar críticamente sobre sus interacciones y relaciones. Utiliza ejemplos apropiados para su edad de libros o películas para ilustrar las dinámicas saludables y no saludables.

- **Expresión emocional**: crea un ambiente hogareño donde las emociones se puedan expresar y discutir libremente. Utiliza actividades como el arte o la narración de cuentos para ayudar a los niños más pequeños a expresar sus sentimientos más complejos.

Fortalecer tu red de apoyo

Una red de apoyo sólida actúa como amortiguador, absorbiendo las conmociones y el estrés que de otro modo podrían afectar a tu familia. Se trata de rodearse, tanto tú como tus hijos, de personas que aporten positividad, les ofrezcan apoyo y comprendan los matices de su situación. Esta red puede incluir amigos cercanos, familiares y profesionales como terapeutas o consejeros.

- **Participación comunitaria**: fomenta la participación en actividades o grupos comunitarios que se alineen con los intereses de tu familia. Esto puede ampliar tu red de apoyo conociendo a otras personas con experiencias similares.

- **Orientación profesional**: las sesiones periódicas con un terapeuta familiarizado con las conductas narcisistas pueden brindarle a tu familia estrategias para lidiar con influencias persistentes y fomentar un desarrollo emocional saludable.

Informarte e informar a tu familia

El conocimiento es una herramienta poderosa para reconocer y contrarrestar la influencia narcisista. Es fundamental informarte, e informar a tu familia sobre el narcisismo, incluyendo sus manifestaciones y las formas en que puede afectar a las personas y las relaciones.

- **Debates familiares**: mantengan debates abiertos sobre la importancia del respeto, la empatía y los límites en las relaciones. Adapta la conversación para que sea apropiada para la edad de tus hijos, asegurándote de que sea constructiva y no infunda miedo.

- **Recursos y lectura**: reúne una lista de recursos, libros y artículos que ofrezcan información sobre el narcisismo y la resiliencia emocional. Considera la posibilidad de leer un libro juntos como familia y discutir sus temas.

Promover de la independencia y la autoeficacia

Fomentar la independencia y el sentido de autoeficacia en tus hijos les ayudará a desarrollar la confianza en sus habilidades y decisiones. Este empoderamiento es una defensa crucial contra las influencias externas que buscan socavar su autonomía.

- **Oportunidades para tomar decisiones**: bríndale a tus hijos oportunidades apropiadas para su edad para decidir sobre actividades de fin de semana u sobre cosas más importantes, como intereses extracurriculares.

- **Habilidades para resolver problemas**: trabajen juntos en los desafíos cotidianos, guiando a tus hijos en la búsqueda de soluciones y la evaluación de resultados. Este proceso les ayudará a desarrollar habilidades críticas para la resolución de problemas y a confiar en su propio juicio.

Mantener líneas de comunicación abiertas

Es esencial garantizar que las líneas de comunicación permanezcan abiertas y honestas dentro de tu familia. Esta apertura fomenta un ambiente en el que se pueden plantear inquietudes y abordar problemas sin temor a los juicios o represalias.

- **Reuniones familiares periódicas**: establece una rutina de celebración de reuniones familiares donde todos puedan compartir sus pensamientos, sentimientos e inquietudes.

- **Escucha activa**: practica la escucha activa, mostrando interés genuino y empatía por lo que expresen tus hijos y familiares. Esto valida sus sentimientos y los anima a compartir.

Al implementar estas estrategias, el objetivo no es sólo proteger a tu familia de la influencia de una expareja narcisista, sino también cultivar un entorno donde el crecimiento, la resiliencia y el bienestar emocional estén en primer plano. Al desarrollar la resiliencia emocional, fortalecer tu red de apoyo, educar a tu familia, promover la independencia y mantener una comunicación abierta, estarás sentando las bases para un futuro en el que tu familia pueda prosperar a pesar de los desafíos del pasado.

A medida que avanzamos, es fundamental recordar que las cicatrices dejadas por la influencia narcisista no definen el futuro de tu familia. En cambio, a través de medidas proactivas y un compromiso con la sanación y el crecimiento, te espera un nuevo capítulo, uno en el que la estabilidad, la felicidad y la resiliencia no sean sólo aspiraciones, sino realidades.

Capítulo 9

Coparentalidad en todas las culturas: aceptar la diversidad

En un mundo cada vez más pequeño y conectado, las familias a menudo se encuentran en la encrucijada de diversas tradiciones culturales. Esta riqueza puede agregar capas de complejidad a la crianza compartida, especialmente cuando se afrontan las secuelas de una relación con un narcisista. En este caso, el desafío no consiste sólo en gestionar la comunicación y la logística; se trata de garantizar que la herencia cultural de ambos padres sea respetada y celebrada, proporcionando una base sólida para las identidades de los niños.

Cuando las culturas se mezclan, también lo hacen los estilos de crianza, las tradiciones y las expectativas de los padres. Esta fusión, si bien es hermosa, requiere un manejo cuidadoso para fomentar un entorno donde los niños se sientan conectados con sus raíces y donde los padres se sientan respetados y escuchados. Desafortunadamente, a menudo, el ex narcisista no coopera para honrar tradiciones culturales que no sean las suyas.

Consideraciones culturales en la crianza compartida y en paralelo

Las familias pueden estar formadas por diversas tradiciones, creencias y prácticas que definen su identidad cultural única. Reconocer y valorar estas diferencias no es sólo una cortesía; es necesario para elaborar un plan de crianza compartida o de crianza paralela que honre los orígenes de ambos padres. Este reconocimiento garantiza que los niños crezcan con un sentido de pertenencia y una comprensión de su herencia.

Comprender las normas culturales y su impacto en la crianza de los hijos

Las diferentes culturas tienen puntos de vista distintos sobre los roles de los padres, la disciplina, la educación y las actividades cotidianas. Por ejemplo, mientras un padre puede priorizar la excelencia académica basándose en su trasfondo cultural, otro podría enfatizar el desarrollo social y la participación comunitaria. Comprender estas diferencias es el primer paso para encontrar puntos en común.

- **Diálogo abierto**: comiencen con conversaciones honestas sobre sus valores culturales y cómo influirán en su estilo de crianza. Esto debería incluir debates sobre días festivos, idiomas, prácticas religiosas y expectativas en torno a los roles familiares.

- **Educación y exposición**: tómate el tiempo para aprender sobre las diferentes culturas que forman parte de tu familia. Esto puede implicar leer libros, asistir a eventos culturales o preparar comidas tradicionales juntos. El objetivo no es sólo la tolerancia sino el aprecio y la comprensión.

- **Tradiciones flexibles**: estar dispuestos a adaptar y combinar tradiciones. Esto podría significar crear nuevas celebraciones que incorporen elementos de ambas culturas o alternar tradiciones culturales para eventos importantes.

Desarrollar un plan de crianza culturalmente inclusivo

Un plan de crianza que respete los orígenes culturales de ambos padres proporciona a los niños una herencia rica y diversa. A continuación se presentan algunos pasos prácticos para garantizar que su plan sea culturalmente inclusivo:

- **Idioma**: Si ambos padres hablan idiomas diferentes, incluyan disposiciones para que el niño aprenda y utilice ambos idiomas. Esto podría implicar asistir a clases de idiomas o pasar tiempo con miembros de la familia que puedan hablar el idioma respectivo.

- **Días festivos y tradiciones**: decidan cómo celebrar los días festivos culturales y religiosos, asegurándose de que los niños puedan experimentar las tradiciones de ambos padres.

- **Consideraciones dietéticas**: incluyan cualquier restricción o preferencia dietética cultural en su plan de crianza, asegurando que los niños estén expuestos a las cocinas de ambas culturas.

- **Opciones educativas**: tomen decisiones sobre la educación de su hijo que reflejen respeto por ambas culturas. Esto podría implicar matricular a los niños en escuelas que ofrezcan un plan de estudios cultural diverso o que apoyen el aprendizaje de los idiomas de ambos padres.

- **Festivales y eventos culturales**: procuren asistir a festivales y eventos culturales en familia. Estas salidas son educativas y divertidas y ofrecen una experiencia de primera mano sobre tradiciones culturales, comidas y artes.

Gestionando las normas y expectativas culturales con un ex narcisista

Interactuar con una expareja narcisista sobre cuestiones de normas y expectativas culturales puede ser una tarea desafiante, especialmente cuando están en juego el bienestar y la identidad cultural de los niños. Garantizar que los niños se beneficien de su rico patrimonio cultural y al mismo tiempo protegerlos de posibles conflictos requiere un enfoque estratégico y reflexivo.

Comprender la dinámica

Antes de que pueda tener lugar cualquier diálogo significativo, es vital comprender la dinámica en juego cuando se trata de una expareja narcisista. Su necesidad de control y su tendencia a utilizar la manipulación emocional pueden afectar significativamente las discusiones sobre la educación cultural. Reconocer estos patrones es el primer paso para prepararte para manejar estas conversaciones de manera efectiva.

- Reconoce las tácticas de manipulación que podrían utilizarse para socavar la importancia cultural o para imponer el dominio en la toma de decisiones.

- Prepárate para su resistencia a compromisos que involucren prácticas culturales diferentes a las suyas o que perciba como menos valiosas.

Comunicación estratégica

La comunicación efectiva se convierte en tu herramienta más potente en estas situaciones. El objetivo no es cambiar la perspectiva de la expareja narcisista, sino establecer límites claros y respetuosos en torno a las normas culturales y las expectativas para la crianza de tus hijos.

- Opta por la comunicación escrita para mayor claridad y para mantener un registro de acuerdos o discusiones. Una vez más, usar aplicaciones de copaternidad puede ser lo más efectivo para estos casos.

- Utiliza un lenguaje neutral que se centre en las necesidades y el bienestar de los niños en lugar de en las diferencias personales.

Recursos legales y profesionales

A veces, es posible que la comunicación directa no produzca los resultados deseados o que no sea seguro interactuar directamente con tu expareja narcisista. En tales casos, recurrir a recursos legales y profesionales puede proporcionar el marco necesario para garantizar que se respeten los derechos culturales de los niños.

- Consulta con un abogado de derecho de familia familiarizado con cuestiones multiculturales para comprender tus opciones y derechos legales con respecto a la educación cultural.

Empoderar a los niños con conocimiento

Un aspecto esencial de gestionar las normas culturales con un ex narcisista implica empoderar a tus hijos con conocimientos sobre su herencia cultural. Esto no sólo fortalece su identidad sino que también les dota de la comprensión necesaria para apreciar la diversidad de su entorno cultural.

- Introduce a los niños en el mundo de los libros, la música y el arte de ambos orígenes culturales para fomentar el aprecio por su herencia.

- Fomenta debates abiertos sobre cultura e identidad, permitiendo que los niños expresen sus sentimientos y preguntas sobre su herencia multicultural.

Construir una comunidad de apoyo

Crear un entorno de apoyo que celebre la diversidad cultural puede ayudar a mitigar el impacto de los intentos de un ex narcisista de socavar las normas y expectativas culturales. Rodearte y rodear a tus hijos de una comunidad que valore el multiculturalismo garantiza que los niños crezcan con un fuerte sentido de identidad y pertenencia. Transitar por el panorama cultural con un ex narcisista requiere un delicado equilibrio entre asertividad, diplomacia y un compromiso firme con el interés primordial de los niños. A través de la comunicación estratégica, las salvaguardias legales y el desarrollo de un entorno inclusivo y de apoyo, puedes honrar la herencia de tus hijos y garantizar que crezcan con una identidad cultural rica y multifacética.

Capítulo 10

Navegando por las sombras: comprendiendo el narcisismo encubierto

Imagínate entrar en una habitación con los ojos vendados y guiado únicamente por tu sentido del oído. Estás tratando de localizar a alguien que te han dicho que está ahí contigo, pero sus pasos son silenciosos y su respiración apenas audible. Esto es similar a identificar y lidiar con el narcisismo encubierto, especialmente en el contexto de la paternidad compartida. A diferencia de su contraparte más evidente, que se manifiesta con una arrogancia y un sentido de derecho inconfundibles, el narcisismo encubierto acecha en las sombras; su presencia se siente más en lo que no se dice que en lo que se dice. Es el silencio entre las palabras, la ausencia más que la acción, lo que a menudo dice mucho.

Reconocer y responder al narcisismo encubierto

Identificar los signos

El narcisismo encubierto se manifiesta en una falta de empatía disfrazada de sensibilidad, en una necesidad de admiración disfrazada de humildad. Aquí tienes algunas señales:

- Suelen hacerse la víctima en diversas situaciones, especialmente cuando tienen la culpa.

- Tienen un discreto sentido de superioridad, creer que son mejores que los demás, pero no lo demuestran abiertamente.

- Envidian los éxitos o posesiones de los demás, a menudo expresada en comentarios pasivo-agresivos.

- Tienen una necesidad de reconocimiento y admiración que puede no ser abierta pero sí persistente y omnipresente.

Estrategias para la crianza compartida con un narcisista encubierto

Tratar con un narcisista encubierto requiere una combinación de firmeza y flexibilidad. Tu objetivo no es confrontarlo, sino manejar sus comportamientos, manteniendo el bienestar de tus hijos en primer plano. Considera los siguientes enfoques:

- **Establecer límites claros**: no se trata de confrontación sino de claridad. Describe claramente lo que es aceptable y lo que no está en el acuerdo de co-parentalidad. Esto podría implicar una comunicación escrita para decisiones importantes o el uso de un mediador externo para las discusiones.

- **Mantener la distancia emocional**: interactúa con ellos centrándote en los hechos en lugar de en las emociones. Esto puede sentirse como caminar constantemente sobre cáscaras de huevo, pero es crucial para proteger tu salud emocional y garantizar que las interacciones sean productivas en lugar de destructivas.

- **Documentar interacciones**: lleva un registro de conversaciones y decisiones. No se trata de "atraparlos en un error", sino de garantizar la claridad de los acuerdos alcanzados y proporcionar una base para resolver disputas.

- **Buscar apoyo**: ya sea de amigos, familiares o profesionales, tener una red de apoyo es fundamental. Ellos pueden ofrecerte perspectivas y consejos, ayudándote a mantenerte firme.

Protecciones legales contra el acoso y el abuso

Cuando la dinámica de la coparentalidad con un narcisista vira hacia el ámbito del acoso o el abuso, salvaguardar tu paz y garantizar la seguridad de tus hijos se vuelve primordial. Ya no se trata simplemente de navegar en aguas turbulentas; ahora es cuestión de asegurar tu vida en medio de la tormenta. Aquí te mostramos el camino para obtener protección legal, un proceso que, aunque desalentador, constituye un baluarte contra la tormenta del abuso narcisista.

Comprender tus derechos y opciones legales

El primer paso en este proceso crucial implica una comprensión profunda de lo que constituye acoso y abuso a los ojos de la ley. Es importante reconocer que los sistemas legales actuales toman en serio el abuso emocional y psicológico, a menudo ejercido por narcisistas. Familiarizarte con los estatutos específicos de tu jurisdicción puede permitirte tomar medidas decisivas.

- **Consulta con un abogado de derecho familiar**: un abogado experimentado puede aclararte las definiciones legales de acoso y abuso y aconsejarte sobre el curso de acción más apropiado de acuerdo a tu situación.

- **Órdenes legales de protección**: a menudo denominadas órdenes de restricción, estos documentos legales pueden limitar el comportamiento y las interacciones de un narcisista respecto a ti y a tus hijos, ofreciendo una capa de seguridad y tranquilidad.

Recopilación y presentación de pruebas

En los procesos judiciales, la evidencia es primordial. Justifica tus afirmaciones y ofrece al tribunal una imagen vívida del comportamiento del narcisista encubierto. Recopilar esta evidencia requiere diligencia y atención a los detalles.

- **Documentar casos de acoso o abuso**: mantén un registro detallado de las interacciones, incluyendo fechas, horas y descripciones de los incidentes. Los mensajes de texto, correos electrónicos y mensajes de voz pueden servir como prueba de acoso o abuso psicológico. Nuevamente, utilizar una aplicación de crianza compartida para documentar y realizar un seguimiento de todo esto podría ser muy útil. Recuerda averiguar qué aplicaciones de coparentalidad son aceptadas en los tribunales locales.

- **Declaraciones de testigos**: si otras personas han sido testigos de un comportamiento abusivo o de acoso, sus declaraciones escritas pueden respaldar tu caso. Esto podría incluir amigos, familiares o incluso profesionales como terapeutas o maestros que hayan observado los efectos del comportamiento del narcisista en ti o en tus hijos.

- **Informes policiales:** si el comportamiento de tu ex es lo suficientemente grave, llama a la policía y presenta un reporte. Documenta la interacción y asegúrate de que la policía pueda acceder a cualquier testigo del episodio. Incluso si no hay suficiente información para presentar cargos contra tu ex, documentar el comportamiento abusivo en la policía es un registro documental sólido que tu ex narcisista no podrá manipular.

Transitando a través del proceso legal

Armado con conocimiento y evidencia, el siguiente paso implica utilizar el proceso legal para garantizar la protección. Desafortunadamente, esto no es sencillo, pero se puede hacer. Requerirá diligencia, determinación y paciencia y será un testimonio de tu resiliencia y compromiso para proteger a tu familia.

- **Solicitar una orden de protección**: esto generalmente implica completar formularios detallados y enviarlos a un tribunal. Si bien el proceso puede variar de una jurisdicción a otra, los abogados de derecho de familia pueden guiarte a través del mismo, asegurándose de que toda la documentación necesaria se presente correctamente.

- **La audiencia judicial**: si tu caso llega a una audiencia, estar preparado es vital. Esto incluye organizar la evidencia, comprender qué esperar durante la audiencia y presentar tu caso de manera efectiva. Una vez más, la representación legal puede ser invaluable en este entorno, brindándote la defensa necesaria para atravesar los procedimientos judiciales con confianza.

Sistemas de apoyo y autocuidado

En medio de las batallas legales, es fundamental recordar cuidar de ti mismo y respaldarte en tu sistema de apoyo. El costo emocional de confrontar a un narcisista en los tribunales, sumado al estrés del proceso legal, puede ser abrumador.

- **Apoyo terapéutico**: contar con la colaboración de un terapeuta con experiencia en el tratamiento del abuso narcisista puede brindarte estrategias de afrontamiento y apoyo emocional durante este momento difícil.

- **Apoyo comunitario**: ya sea a través de grupos de apoyo para sobreviviente de abuso narcisista o comunidades de personas que han pasado por luchas legales similares, encontrar solidaridad en otras personas que te comprendan puede ser increíblemente reconfortante.

Proteger a tus hijos

A lo largo de este proceso, el bienestar de tus hijos sigue siendo la máxima prioridad. Es primordial garantizar que estén protegidos del trauma de los conflictos legales y salvaguardados contra los efectos desestabilizadores del acoso y el abuso.

- **Defensa legal para los niños**: en algunos casos, el tribunal puede designar un defensor especial o un tutor ad litem (GAL) para tus hijos, garantizando que sus intereses estén representados durante los procedimientos legales.

- **Comunicación abierta y apropiada para su edad**: mantener abiertas las líneas de comunicación con tus hijos es crucial. Explicarles la situación en términos que puedan entender, asegurarles su seguridad y reforzar su amor por ellos son componentes clave para ayudarlos a atravesar este período.

Al buscar protección legal contra el acoso y el abuso, no solo estarás buscando un remedio para el presente; estarás sentando las bases para un futuro más seguro y estable para ti y para tus hijos.

Técnicas avanzadas de documentación para casos extremos

En el ámbito de coparentalidad con una expareja narcisista, ciertas situaciones exigen un nivel aún mayor de vigilancia y preparación. Cuando el asesoramiento habitual sobre el seguimiento de las interacciones parece insuficiente debido a la complejidad o gravedad del caso, recurrir a técnicas de documentación avanzadas puede proporcionar la evidencia sólida necesaria para la protección legal y las negociaciones de custodia. Este enfoque consiste en crear un registro completo y detallado que pueda resistir el escrutinio en cualquier entorno legal, garantizando que el bienestar de tus hijos siga siendo la máxima prioridad.

Correos electrónicos y mensajes de texto: más allá de lo básico

Si bien la mayoría de la gente está familiarizada con la importancia de guardar correos electrónicos y mensajes de texto en estos casos, es posible llevar esta práctica al siguiente nivel y profundizar en los matices que pueden hacer que estas comunicaciones sean más efectivas como documentación. Considera las siguientes estrategias:

- **Líneas de asunto como resúmenes**: utiliza la línea de asunto de los correos electrónicos para resumir el contenido. Por ejemplo, "Solicitud de cambio en las visitas de fin de semana: 5 de junio". Esto hace que sea más fácil encontrar comunicaciones específicas más adelante.

- **CCO para tu abogado**: cuando envíes correos electrónicos importantes, utiliza la función CCO para incluir a tu abogado. Esto los mantiene informados y garantiza que haya un registro secundario de la comunicación.

- **Imprimir y almacenar**: imprime periódicamente los mensajes de texto y correos electrónicos importantes. Los datos digitales pueden perderse o corromperse, por lo que tener una copia física proporciona una capa adicional de seguridad.

Utiliza la tecnología a tu favor

Existen varias aplicaciones y software diseñados específicamente para la coparentalidad que ofrecen funciones que pueden mejorar tus esfuerzos de documentación. Estas herramientas suelen incluir:

- **Mensajería integrada**: toda la comunicación se puede realizar dentro de la aplicación, guardando y organizando automáticamente los mensajes para un fácil acceso.

- **Seguimiento de gastos**: proporcionan una plataforma para registrar y compartir gastos relacionados con tus hijos, con la posibilidad de adjuntar recibos y facturas.

- **Registros de visitas**: algunas aplicaciones ofrecen funciones para registrar las visitas, incluidas fechas, horas y notas sobre cada visita, lo que puede ser invaluable en las negociaciones de custodia.

Notas de voz como herramienta

Cuando sea importante recordar conversaciones o incidentes específicos, las notas de voz pueden ser una herramienta invaluable. Después de una interacción, tómate un momento

para grabar un memorándum que resuma lo que se dijo o lo que ocurrió. Estos memo-
randos pueden servir como notas contemporáneas, proporcionando un relato nuevo y
detallado que puede transcribirse y agregarse a tu registro digital.

- **Siempre establece fecha y hora**: comienza cada nota de voz con la fecha y hora
  de la grabación.

- **Sé específico**: incluye detalles específicos, como ubicaciones, lo que dijeron
  ambas partes y las acciones tomadas. Cuanto más detalle, mejor.

Mantener un archivo físico de pruebas

Es posible que una copia digital no sea suficiente para ciertos tipos de pruebas, por lo que
podrías llevar un registro mediante elementos físicos pertinentes a tu caso. Mantener un
archivo físico de pruebas de manera segura y organizada es crucial. Esto podría incluir:

- **Documentos legales**: copias de los expedientes legales de tu caso, órdenes judiciales o correspondencia oficial.

- **Correspondencia física**: cartas, tarjetas o notas que pueden ser relevantes para
  tu situación.

- **Registros educativos**: boletas de calificaciones, cartas de maestros o registros
  de reuniones de padres y maestros que resalten la participación (o la falta de ella)
  del copadre narcisista en la educación de tu hijo.

Colaboración de profesionales

A veces, la complejidad de la situación puede justificar asistencia profesional para reunir
y organizar la documentación. Los investigadores privados o profesionales legales pueden
ofrecer servicios que garanticen que tu documentación sea exhaustiva, relevante y legalmente admisible. También pueden orientarte sobre las consideraciones éticas y legales de
la recopilación de ciertos tipos de pruebas.

- **Consulta antes de actuar**: consulta siempre con tu abogado antes de contratar
  a un investigador profesional, especialmente si estás considerando la vigilancia
  de otra persona u otros métodos sensibles de recopilación de pruebas.

- **Organización profesional**: para casos complejos, los profesionales legales pueden ayudarte a organizar tu evidencia, asegurando que se presente de la manera más efectiva posible.

En situaciones extremas donde los métodos de documentación habituales pueden no ser suficientes, estas técnicas avanzadas ofrecen una manera de construir un caso completo y convincente. Ya sea aprovechando la tecnología, interactuando con profesionales u organizando meticulosamente registros físicos y digitales, el objetivo sigue siendo proteger a tus hijos y salvaguardar su bienestar en los procedimientos legales.

Gestión de crisis: medidas inmediatas cuando los niños están en riesgo

En momentos en los que la seguridad y el bienestar emocional de los niños se ven comprometidos debido a las acciones de una expareja narcisista, actuar con rapidez y decisión es primordial. La imprevisibilidad del comportamiento de un narcisista requiere un plan de acción deliberado, que garantice que los padres estén preparados para responder de manera efectiva para proteger a sus hijos. Esta sección describe pasos prácticos y consideraciones para gestionar las crisis, destacando la importancia de la preparación para salvaguardar a las víctimas más vulnerables del comportamiento narcisista.

Preparación: la piedra angular de la gestión de crisis

La base de una gestión eficaz de las crisis reside en la preparación. Anticipar posibles escenarios que puedan surgir permite a los co-padres responder con confianza y precisión. Esta preparación implica:

- **Contactos de emergencia**: recopila una lista de contactos esenciales, incluyendo a la policía, servicios de protección infantil, asesores legales confiables y familiares o amigos que te apoyen. Tener estos contactos disponibles podría ahorrarte un tiempo precioso en caso de una emergencia.

- **Plan de seguridad**: desarrolla un plan de seguridad con tus hijos adaptado a su edad y nivel de comprensión. Esto debe incluir lugares seguros a los que puedan acudir, adultos de confianza a quienes puedan acudir y respuestas ensayadas ante diversos escenarios.

- **Documentación legal**: guarda copias de cualquier documento legal relevante, como órdenes de restricción, acuerdos de custodia o evidencia documentada del comportamiento de tu expareja narcisista, en un lugar seguro y de rápido acceso. Las copias digitales almacenadas en un servicio seguro en la nube pueden proporcionar una capa adicional de preparación.

Reconocer las señales: cuándo actuar

Comprender las señales de un comportamiento que está escalando en una expareja narcisista es fundamental para prevenir posibles crisis. Estos signos pueden incluir:

- **Aumento de la agresión o amenazas**: toma nota de cualquier aumento en la comunicación agresiva o amenazas explícitas. Estos pueden ser presagios de acciones más graves en el futuro.

- **Comportamiento impredecible**: cambios repentinos e inexplicables en el comportamiento o patrones de interacción pueden indicar un cambio hacia un estado más volátil.

- **Manipulación de los niños**: mantente alerta ante las señales de que tu expareja narcisista esté intentando manipular o poner a los niños en tu contra, ya que esto puede significar un movimiento para socavar tu autoridad o desestabilizar tu bienestar emocional.

Acciones Inmediatas: proteger a tus hijos

Cuando surge una crisis, la prioridad debe ser la seguridad inmediata y emocional de tus hijos. Esto incluye:

- **Apartar al niño del peligro**: si la situación lo permite, el primer paso es alejar al niño de las inmediaciones o de la influencia de tu expareja narcisista. Esto podría significar ir a un espacio seguro predeterminado o a la casa de un familiar o amigo de confianza.

- **Contactar a las autoridades**: si existe alguna amenaza a la seguridad física, es esencial que te contactes con las autoridades o con los servicios de protección infantil. Están equipados para afrontar este tipo de situaciones y pueden proporcionarles la protección e intervención necesarias.

- **Activa tu red de apoyo**: comunícate con tu red de apoyo para obtener ayuda.

Esto puede incluir familiares, amigos o profesionales que puedan ofrecerte asistencia, ya sea brindándote un lugar seguro donde quedarte, acompañándote a tus citas legales o simplemente estando allí para brindarte apoyo emocional.

- **Consulta con un asesor legal**: si la crisis tiene implicaciones legales, como violaciones de un acuerdo de custodia u orden de restricción, consultar con tu abogado podría guiar tus próximos pasos. Pueden asesorarte sobre acciones legales inmediatas para proteger a tus hijos y defender tus derechos.

Apoyo emocional: manejar las consecuencias después de la crisis

Tras una crisis, atender las necesidades emocionales de tus hijos es tan crucial como abordar su seguridad física. Considera los siguientes enfoques:

- **Tranquilidad**: tranquiliza a tus hijos y afirma su seguridad. Hazles saber que las medidas tomadas fueron lo mejor para ellos y que ahora se encuentran en un entorno seguro.

- **Apoyo profesional**: contratar los servicios de un psicólogo o terapeuta infantil que se especialice en lidiar con el trauma puede ser invaluable. Estos podrían brindarle a tus hijos estrategias de afrontamiento y ayudarlos a procesar sus experiencias de manera saludable.

- **Comunicación abierta**: anima a tus hijos a expresar sus sentimientos e inquietudes. Escúchalos activamente y valida sus emociones, ofreciéndoles un espacio seguro para expresar sus miedos y ansiedades.

Revisión y reflexión

Revisa los eventos y tu respuesta después la crisis inmediata haya sido manejada. Reflexionar sobre lo ocurrido puede proporcionarte información sobre cómo fortalecer tu plan de gestión de crisis, garantizándote que estarás mejor preparado para cualquier incidente futuro. Esta reflexión debe incluir:

- **Evaluación de la eficacia de tu respuesta**: considera qué acciones fueron efectivas y qué podría mejorarse. Esto podría implicar fortalecer tu plan de seguridad, actualizar los contactos de emergencia o buscar protecciones legales adicionales.

- **Aprender de la experiencia**: cada crisis presenta una oportunidad de aprendizaje. Reflexiona sobre la secuencia de eventos y tu respuesta para identificar cualquier brecha en tu preparación o áreas donde podrían necesitarse recursos o apoyo adicionales.

- **Fortalecimiento de tu red de apoyo**: las secuelas de una crisis pueden subrayar la importancia de una red de apoyo sólida. Busca formas de ampliar y fortalecer tu red conectándote con otros padres en situaciones similares, interactuando con recursos comunitarios o buscando servicios de apoyo profesional.

Afrontar una crisis provocada por el comportamiento narcisista de una expareja es sin duda uno de los aspectos más desafiantes de la coparentalidad. Sin embargo, con un plan de gestión de crisis bien estructurado, una comprensión clara de cuándo y cómo actuar y un enfoque en el bienestar emocional de tus hijos, podrás lograrlo. Recuerda que en momentos de crisis, tu fortaleza, preparación y compromiso inquebrantable con la seguridad de tus hijos serán sus mayores aliados.

Estrategias a largo plazo para proteger a tu familia

Cuando trates con un padre narcisista, es crucial ser proactivo a la hora de preparar a tu familia para asegurarte de mantener la paz y la seguridad a largo plazo.

Desarrollar la resiliencia emocional en tus hijos

En el corazón de la protección a largo plazo se encuentra la resiliencia emocional de tus hijos. Se trata de proporcionarles las herramientas para enfrentar la tormenta y salir de ella ilesos, seguros y felices. Esto implica:

- **Conversaciones regulares**: participa en diálogos continuos sobre sus sentimientos, enseñándoles que está bien expresar alegría y angustia. Estas conversaciones sentarán las bases de su inteligencia emocional.

- **Habilidades para resolver problemas**: anima a tus hijos a pensar en sus problemas, grandes o pequeños, y a desarrollar soluciones. Esto no significa que deban resolver solos sus problemas; en cambio, se trata de empoderarlos con la confianza para enfrentar los desafíos de frente, sabiendo que cuentan con tu apoyo.

- **Afirmaciones positivas**: preséntales el poder de las afirmaciones positivas. Enséñales que pueden decirse a sí mismos frases sencillas para aumentar su autoestima y recordarles su fuerza interior y su valor.

Continuidad y apoyo educativo

El caos que a menudo se asocia con la coparentalidad narcisista puede alterar la educación de un niño. Garantizar la continuidad y el apoyo en su trayectoria educativa es una estrategia clave a largo plazo. Esto se puede lograr mediante:

- **Comunicación abierta con las escuelas**: mantén una línea abierta de comunicación con los maestros y consejeros escolares de tus hijos. Infórmales sobre cualquier situación en el hogar que pueda afectar el desempeño o el comportamiento de tu hijo en la escuela.

Actividades extracurriculares: anima a los niños a participar en actividades extracurriculares que les interesen, proporcionando una salida constructiva para sus energías y emociones.

Criar hijos con un narcisista es muy difícil y exige una vigilancia constante de tu parte. Recuerda, no reacciones, no te involucres en el drama, mantente firme y mantén la calma. Sé la constante en la vida de tus hijos, la persona en la que siempre puedan confiar, y ellos prosperarán.

Al avanzar, llevamos con nosotros las herramientas y el conocimiento que hemos reunido, listos para aplicarlos no solo en el contexto de la coparentalidad con un ex narcisista sino en todas las áreas de nuestras vidas. Las estrategias descritas aquí no tienen que ver sólo con la supervivencia; se trata de prosperar, convertir las adversidades en fortalezas y construir un legado familiar de resiliencia y amor.

Capítulo 11

Aprovechando la tecnología para una coparentalidad más fluida

E l argumento principal aquí es sencillo: la tecnología proporciona herramientas poderosas que pueden aliviar significativamente los desafíos de la coparentalidad. Esto es especialmente cierto en los casos en que uno de los padres es narcisista. Los límites, las salvaguardas y la documentación que proporciona la tecnología son oro puro. Desde aplicaciones que consolidan la comunicación y la programación, hasta plataformas que facilitan la resolución de disputas, la era digital presenta soluciones con las que las generaciones pasadas solo podían soñar.

Comunicación simplificada

¿Recuerdas cuando pasar mensajes a través de los niños o esperar días para recibir una respuesta era la norma? Hoy en día, numerosas aplicaciones diseñadas especialmente para la coparentalidad ofrecen una comunicación segura e instantánea. Las funciones, como los acuses de recibos, eliminan las conjeturas sobre si se ha visto un mensaje o no, mientras que los calendarios integrados permiten actualizaciones en tiempo real de los horarios de crianza compartidos. Esta inmediatez y transparencia pueden reducir drásticamente los malentendidos y el estrés asociado a ellos.

- Ejemplo: considera las aplicaciones como TalkingParents o CoParenter, que mantienen registros de comunicaciones y proporcionan herramientas de mediación y resolución de disputas, todo dentro de la misma plataforma.

Programación sin complicaciones

Sincronizar horarios puede ser una pesadilla logística, especialmente con eventos escolares, citas médicas y actividades extracurriculares. Las aplicaciones de coparentalidad con calendarios compartidos permiten a ambos padres agregar, ver y administrar citas y eventos en tiempo real. Esto garantiza que ambos padres estén informados, lo que facilita la negociación de cambios o intercambios en los horarios de visitas.

Resolución de disputas al alcance de la mano

Que las disputas forman parte del panorama de la paternidad compartida, es una verdad incómoda, especialmente cuando se trata con un copadre narcisista. Sin embargo, la tecnología, hoy en día, ofrece soluciones innovadoras. Los servicios de mediación en línea brindan una plataforma para resolver conflictos sin necesidad de una confrontación cara a cara. Estas plataformas suelen emplear mediadores certificados que guían la discusión, asegurando que ambas partes sean escuchadas y trabajando para llegar a una solución mutuamente aceptable.

Aspectos de seguridad y privacidad

Si bien los beneficios son numerosos, es esencial abordar estas herramientas digitales con conciencia de la privacidad y la seguridad. No todas las aplicaciones son iguales, y elegir plataformas con medidas de seguridad sólidas, es crucial para proteger la información confidencial. Además, respetar la privacidad de la relación de coparentalidad y evitar compartir demasiado en las plataformas de redes sociales es clave para mantener un entorno de coparentalidad digital saludable.

En conclusión, la tecnología actual ofrece herramientas para hacer que la crianza compartida sea más manejable, transparente y libre de conflictos; esta puede ser a menudo la solución que los padres en una situación de co-paternidad conflictiva necesitan desesperadamente. Al seleccionar y utilizar cuidadosamente estas herramientas tecnológicas, los padres pueden eliminar o reducir la cantidad de tiempo que pasan con su ex, disminuir drásticamente los conflictos y las interacciones hostiles y centrarse menos en la logística de la coparentalidad y más en lo que realmente importa: criar niños felices y saludables en un ambiente cooperativo y respetuoso.

Soluciones legales innovadoras frente a las disputas de coparentalidad

En el ámbito del derecho de familia, las estrategias están evolucionando para adaptarse a las necesidades de las familias modernas y a las complejidades de los acuerdos de coparentalidad. Esta evolución ha llevado a soluciones legales innovadoras diseñadas para resolver las disputas de coparentalidad, centrándose en casos en los que existen relaciones conflictivas y se requiere una crianza paralela, y priorizando al mismo tiempo el bienestar de los niños involucrados. Estas soluciones ofrecen una nueva perspectiva sobre la resolución de disputas, alejándose del enfoque adversarial, tradicionalmente asociado con el derecho de familia, y dirigiéndose hacia una metodología más funcional y constructiva.

Coordinación de crianza

Una de las soluciones innovadoras es la coordinación de crianza, un proceso alternativo de resolución de disputas centrado en los niños. Los coordinadores de crianza son profesionales capacitados, a menudo con experiencia en derecho, psicología o trabajo social, que asisten a los co-padres inmersos en una paternidad conflictiva a implementar su plan de crianza. El papel del coordinador de crianza incluye:

- **Mediación en disputas:** median en desacuerdos con respecto al plan de crianza, desde conflictos menores de programación hasta disputas más importantes sobre decisiones educativas o de atención médica.

- **Educar a los padres:** los coordinadores también le enseñan a los padres a comunicarse de manera más efectiva y tomar decisiones que sean acordes a los intereses de sus hijos.

- **Hacer recomendaciones:** en algunos casos, con el consentimiento de los padres, los coordinadores pueden tomar decisiones vinculantes para resolver disputas rápidamente.

Plataformas de resolución de disputas en línea

Las plataformas de resolución de disputas en línea (ODR, por sus siglas en inglés) han surgido como una herramienta conveniente y eficiente para resolver disputas de coparentalidad. Las plataformas de resolución de disputas en línea más utilizadas son: , , Online Dispute Resolution de Modria. Si bien no todas estas plataformas se utilizan exclusivamente para cuestiones de coparentalidad y custodia de los hijos, actualmente son las más utilizadas por abogados que practican derecho familiar.

Estas plataformas ofrecen una variedad de servicios, que incluyen:

- **Mediación virtual:** facilitada por mediadores experimentados, las sesiones de mediación virtual permiten a los padres negociar acuerdos desde la comodidad de sus hogares.

- **Preparación de documentos:** algunas plataformas ofrecen servicios para ayudar a los padres a preparar documentos legales basados en sus acuerdos de mediación, agilizando el proceso de formalización de su acuerdo.

Aplicaciones y herramientas legales

Se han desarrollado varias aplicaciones y herramientas digitales para ayudar a los padres a gestionar sus obligaciones y disputas legales. Estas herramientas ofrecen varias funcionalidades:

- **Generación de documentos legales:** los padres pueden generar acuerdos legalmente vinculantes relacionados con su acuerdo de crianza compartida, incluyendo cronogramas de custodia y acuerdos de apoyo financiero.

- **Mantenimiento de registros:** las herramientas digitales permiten a los padres mantener registros detallados de la comunicación, los gastos y el cumplimiento del plan de crianza, lo cual puede ser invaluable ante una disputa.

- **Registro de disputas:** algunas aplicaciones ofrecen una función para registrar disputas, incluidos los intentos de resolución, lo que puede resultar útil para el caso en que se requiera una intervención legal.

La adopción de estas soluciones innovadoras por en el ámbito legal refleja un reconocimiento creciente de la importancia de resolver las disputas de coparentalidad de una manera segura y estructurada que preserve las relaciones familiares y apoye los principales intereses de los niños involucrados.

Nuevos enfoques terapéuticos para familias afectadas por el narcisismo

El campo de la terapia está en constante evolución, especialmente en su enfoque para ayudar a las familias enredadas en la compleja red de dinámicas narcisistas. La terapia tradicional ha brindado una base sólida para entender y sobrellevar a personas narcisistas.

Sin embargo, los desafíos específicos de la coparentalidad con un narcisista requieren estrategias terapéuticas más innovadoras. Estos nuevos enfoques no sólo apuntan a sanar, sino también a empoderar a las familias, brindándoles las herramientas para transitar a través de la intrincada red de las relaciones marcadas por el narcisismo.

Terapia de dinámica familiar

La terapia de dinámica familiar surge como una modalidad para las familias atrapadas en el abuso narcisista mientras intentan coparentalizar. Este enfoque cambia la atención de las sesiones de terapia individual hacia la participación de la familia en su conjunto. El objetivo es fomentar una comunicación más saludable y segura, avanzar juntos y reparar el daño emocional causado por los comportamientos narcisistas. Así es como se desarrolla:

- **Sesiones interactivas:** los terapeutas crean un espacio seguro donde cada miembro de la familia puede expresar sus experiencias y sentimientos sin temor a ser juzgados o a enfrentar represalias. Estas sesiones se basan en ejercicios interactivos para reconstruir la empatía y el entendimiento entre los miembros de la familia.

- **Análisis conductual:** los terapeutas trabajan con la familia para identificar y analizar patrones de comportamiento narcisista y su impacto en la dinámica familiar. Este conocimiento ayuda a desarrollar estrategias para mitigar las interacciones negativas y promover las positivas.

- **Estrategias de empoderamiento:** las familias reciben herramientas prácticas para establecer límites, comunicarse de manera efectiva y proteger su bienestar emocional. Este empoderamiento es crucial para romper el ciclo de manipulación y control que a menudo se da en las relaciones narcisistas.

Reducción del estrés basada en la atención plena (MBSR, por sus siglas en inglés)

No se puede subestimar el impacto psicológico de coparentalizar con un narcisista. La reducción del estrés basada en la atención plena (MBSR) ofrece una contramedida terapéutica, ya que enseña a las personas cómo anclarse en el momento presente, reduciendo así la ansiedad y el estrés. MBSR incorpora técnicas como:

- **Meditación guiada:** los participantes son guiados a través de prácticas de meditación enfocadas en la respiración y la conciencia corporal, ayudando a centrar pensamientos y emociones.

- **Movimiento consciente:** se introducen movimientos suaves de yoga y otros ejercicios conscientes, fomentando una conexión más profunda entre la mente y el cuerpo, promoviendo la relajación y el alivio del estrés.

- **Prácticas diarias de atención plena:** se anima a las personas a incorporar la atención plena en sus rutinas diarias, transformando las actividades cotidianas en momentos de atención plena, reduciendo así los niveles generales de estrés.

-

Terapias artísticas y creativas

Especialmente para los niños, expresar sus sentimientos sobre su padre narcisista puede resultar abrumador. El arte y las terapias creativas ofrecen una salida no verbal para expresar emociones complejas. Tanto los niños como los adultos pueden explorar y comunicar sus sentimientos a través de la pintura, el dibujo, la música y el teatro en un entorno de apoyo. Estas terapias:

- **Mejoran la expresión emocional:** los medios creativos proporcionan un espacio seguro para expresar sentimientos que pueden ser difíciles de expresar verbalmente.

- **Fortalecen la autoestima:** participar en actividades creativas puede aumentar la confianza, proporcionando una sensación de logro y valor personal.

- **Facilitan la sanación:** el acto de creación puede ser terapéutico en sí mismo, ayudando a procesar y sanar traumas emocionales.

Entrenamiento Integrativo Cuerpo-Mente (IBMT)

Esta práctica terapéutica de vanguardia se centra en la interconexión del cuerpo y la mente. El Entrenamiento Integrativo Cuerpo-Mente (IBMT, por sus siglas en inglés) combina meditación, ejercicios de respiración y atención plena para mejorar la regulación emocional y la resiliencia. Las ventajas de su aplicación en el contexto de lidiar con un co-padre narcisista incluye:

- **Mejora de la conciencia:** el IBMT ayuda a las personas a ser más conscientes de sus desencadenantes emocionales y sensaciones físicas, lo que permite una mejor gestión de las respuestas. Esto es muy útil porque saber qué te desencadena te empodera y, en última instancia, facilitará el uso del método de la piedra gris.

- **Reducción del estrés:** se ha demostrado que la práctica regular de IBMT reduce los niveles de estrés y ansiedad, proporcionando una sensación de calma frente a los desafíos de la coparentalidad.

- **Regulación emocional:** al fomentar una conexión más profunda entre el cuerpo y la mente, las personas aprenden a regular sus emociones de manera más efectiva, reduciendo la probabilidad de comportamientos reactivos que alimentan y alientan al narcisista.

A la sombra del narcisismo, este enfoque terapéutico te ayuda a recuperarte y te brinda la fuerza necesaria para ser un co-padre estable. La terapia de dinámica familiar reconstruye los vínculos rotos, el MBSR ofrece consuelo en la atención plena, las terapias artísticas y creativas desbloquean la expresión emocional y el entrenamiento integrativo Cuerpo-Mente fortalece la conexión entre el cuerpo y la mente, equipando a las familias con la resiliencia necesaria para navegar a través de las complejidades de la crianza compartida con un narcisista. A través de estas prácticas innovadoras, la esperanza se renueva y las familias se encaminan hacia un futuro donde el bienestar emocional no es solo una posibilidad, sino una realidad.

Iniciativas comunitarias para el apoyo en la coparentalidad

Los grupos de apoyo para sobrevivientes de abuso narcisista te permiten escuchar historias de otras personas que también comparten la crianza con exparejas narcisistas y sirven como un potente recordatorio de que no estás solo. Estas narrativas validan experiencias personales y ofrecen diversas perspectivas sobre estrategias de afrontamiento que quizás no se hayan considerado anteriormente. En este entorno, se comparten experiencias y lecciones, no sólo sobre la supervivencia, sino también sobre la crianza de niños emocionalmente seguros.

Programas de tutoría

El viaje de la paternidad compartida con una expareja narcisista es un camino transitado por muchos. Los grupos de apoyo a menudo establecen programas de tutoría, uniendo a personas que recién enfrentan estos desafíos con aquellos que han encontrado una manera de gestionarlos de manera efectiva. Este sistema de apoyo personalizado brinda consejos prácticos y respaldo emocional, creando un salvavidas en momentos particularmente difíciles.

Creación de espacios seguros

Quizás el papel más crítico que desempeñan estas iniciativas comunitarias sea el de crear espacios seguros para que las personas expresen sus miedos, frustraciones y esperanzas. Dentro de estos círculos, los co-padres encuentran aceptación y estímulo para hablar abiertamente sin ser juzgados. Las estrategias compartidas sobre cómo lidiar con un ex narcisista pueden ser útiles y de gran apoyo. Estos espacios, ya sea en salas de reuniones físicas o salas de chat virtuales, se convierten en santuarios donde se inicia la sanación y se desarrolla la resiliencia.

Predicción de tendencias futuras en las prácticas de coparentalidad

Una tendencia emergente es el aumento de soluciones impulsadas por inteligencia artificial (IA) diseñadas para mitigar las complejidades de la coparentalidad. Imagina aplicaciones que no solo programen citas sino que también predicen posibles conflictos y sugieren soluciones basadas en interacciones pasadas. Estos algoritmos de IA podrían analizar patrones de comunicación para advertir a los padres cuando las discusiones se desviarán hacia un territorio potencialmente dañino, alentándolos a realizar una pausa o fomentando un cambio de tono para mantener diálogos constructivos.

Otra área propicia para la innovación es la realidad virtual (RV) y su aplicación en escenarios de coparentalidad. La realidad virtual podría ofrecer un medio único para que los niños pasen tiempo con cada padre, independientemente de la distancia física. A través de experiencias de inmersión, un niño podría leer un libro, jugar un juego o explorar un mundo virtual con el padre que no tiene la custodia, enriqueciendo su relación y manteniendo la fortaleza del vínculo.

Además, la integración de la tecnología blockchain en los acuerdos de coparentalidad podría revolucionar el seguimiento de los compromisos y la resolución de disputas. Al crear registros inmutables de acuerdos, pagos y cronogramas, el blockchain ofrece un historial transparente e inalterable en las interacciones de coparentalidad. Esta tecnología podría reducir drásticamente los conflictos sobre lo acordado, ya que cada transacción e interacción se registraría de forma segura y sería fácilmente verificable.

Al mirar hacia el futuro, estas tendencias ofrecen un vistazo a las posibles transformaciones en las prácticas de coparentalidad. Desde la IA y la realidad virtual hasta la tecnología blockchain, el panorama de la coparentalidad está listo para evolucionar de maneras que prioricen las dinámicas familiares saludables, la comunicación clara y, lo más importante, el bienestar de los niños. Estas innovaciones y prácticas prometen simplificar la logística de la coparentalidad y facilitar significativamente el éxito de la crianza conjunta o paralela con un ex narcisista.

Conclusión

Hemos analizado el complejo terreno de la comprensión del narcisismo y sus profundos impactos en la dinámica de coparentalidad. A lo largo de los capítulos, hemos desarrollado estrategias prácticas para la crianza conjunta o la crianza paralela con una expareja narcisista. Este ha sido un viaje de empoderamiento, resiliencia y esperanza, brindándote fuerza y conocimiento.

Destacando los puntos principales del libro, comenzamos reconociendo las características distintivas de las conductas narcisistas y su influencia disruptiva en la crianza de los hijos. Nos adentramos en la decisión crítica entre la crianza compartida y la crianza paralela, sentando las bases para tomar una decisión informada adecuada a tu situación particular. Hemos subrayado la importancia de establecer límites firmes, afrontar desafíos legales y financieros y fomentar el crecimiento personal después del divorcio. Discutimos la importancia de adaptar estas estrategias para atender las diversas dinámicas familiares y el potencial de adoptar prácticas innovadoras en la coparentalidad.

Las conclusiones clave enfatizan que, si bien la crianza compartida con un narcisista presenta desafíos innegables, también abre la oportunidad para el crecimiento personal profundo, el desarrollo de la relación padre-hijo y una comprensión matizada de los límites y la comunicación saludables. No será fácil, y te enfrentarás a muchos obstáculos, pero podrás perseverar y prosperar.

Aplica las estrategias analizadas en este libro a tu situación de coparentalidad. Busca apoyo de profesionales y pares cuando sea necesario, utiliza aplicaciones de coparentalidad y prioriza siempre tu bienestar y el de tus hijos. No existen soluciones fáciles; mantén la calma, comprométete con tus hijos, utiliza el método de la piedra gris y no empoderes al narcisista reaccionando.

Terminemos con una nota de esperanza. A pesar de los obstáculos de copaternar con un narcisista, una vida pacífica y plena después del divorcio no sólo es posible sino también alcanzable. Imagina un futuro en el que tú y tus hijos emerjan de esta experiencia más fuertes, saludables y felices. El camino hacia ese futuro está pavimentado con los conocimientos, las estrategias y la comprensión que has adquirido de este libro. Avanza, sé constante y cuídate a ti y a tus hijos; ¡tú puedes!

Referencias

- *Trastorno narcisista de la personalidad: síntomas y tratamiento* https://my.cle velandclinic.org/health/diseases/9742-narcissistic-personality-disorder

- *Cómo la crianza narcisista puede afectar a los niños* https://www.psychologytoday.com/us/blog/the-legacy-of-distorted-lov e/201802/how-narcissistic-parenting-can-affect-children

- *Tratar con personas manipuladoras: defender tu posición* https://www.mindto ols.com/axtfdfb/dealing-with-manipulative-people

- *¿Qué es el suministro narcisista?*

https://www.choosingtherapy.com/narcissistic-supply/

- *Cómo la crianza narcisista puede afectar a los niños* https://www.psychologytoday.com/us/blog/the-legacy-of-distorted-lov e/201802/how-narcissistic-parenting-can-affect-children

- *Guía de resiliencia para padres y maestros* https://www.apa.org/topics/resilie nce/guide-parents-teachers

- *6 consejos para explicarle el narcisismo a un niño* https://motherhoodandmayh em.online/explain-narcissism-to-child/

- *¿Puede el método de la piedra gris protegerte del comportamiento tóxico?* https://www.verywellmind.com/the-grey-rock-method-7483417

- *Estableciendo límites con un narcisista: 16 consejos y ejemplos*

https://grace-being.com/love-relationships/setting-boundaries-with-a-narcissist/

- *Las mejores aplicaciones de crianza compartida de 2024* https://www.thebum p.com/a/co-parenting-apps

- *Qué hacer cuando un copadre manipula a su hijo* https://talkingparents.com/ parenting-resources/coparent-manipulated-your-child

- *Divorciarte de un narcisista y obtener la custodia de tus hijos* https://www.cust odyxchange.com/topics/divorce/divorce-narcissist.php

- *Estrategias financieras para divorciarte de un narcisista* https://www.forbes.co m/sites/jefflanders/2012/12/11/financial-strategies-for-divorcing-a-narcissist/

- *Creando un plan de crianza con un narcisista* https://oplaw.com/blog/2023/ may/creating-a-parenting-plan-with-a-narcissist/

- *8 pautas para protegerte de un narcisista en un divorcio:* https://www.micklinl awgroup.com/8-guidelines-guard-yourself-from-narcissist-divorce/

- *Crianza paralela: un enfoque alternativo para co-padres con alto conflicto* https://freedmarcroft.com/parallel-parenting-an-alternative-approach-f or-high-conflict-co-parents/

- *¿Qué es un plan de crianza paralelo? Y cómo crear uno* https://www.verywellfa mily.com/what-is-a-parallel-parenting-plan-and-how-to-make-one-5208661

- *Cómo coparentar con un ex narcisista* https://www.awfamilylaw.com/blog/20 23/july/how-to-co-parent-with-a-narcissistic-ex/

- *La crianza paralela cambia lo que pensábamos que sabíamos sobre el divorcio* https://theriveter.co/voice/parallel-parenting-changes-what-we-thinkt-we -knew-about-divorce/

- *15 consejos para establecer límites con un narcisista* https://www.choosingther apy.com/setting-boundaries-with-a-narcissist/

- *Hacer cumplir una orden de custodia*

https://www.lawinfo.com/resources/child-custody-lawyers/enforcing-a-custody-order.html

- *Crianza conflictiva con un ex: 10 estrategias para el éxito* https://www.weinbergerlawgroup.com/blog/newjersey-child-parenting-issues/parenting-with-a-high-conflict-ex-10-strategies-for- éxito/

- *Ayudar a los niños a afrontar a un padre narcisista* https://www.psychologytoday.com/us/blog/living-on-automatic/202301/helping-children-cope-with-a-narcissistic-parent

- *Crea un plan de crianza perfecto en 6 pasos* https://www.ourfamilywizard.com/blog/creating-perfect-parenting-plan-6-steps

- *Cuatro estrategias para mediar en un divorcio conflictivo*

https://www.ecmediation.com/four-strategies-for-mediating-a-high-conflict-divorce/

- *Divorcio y separación: planes de crianza*

https://www.child-encyclopedia.com/divorce-and-separation/according-experts/parenting-plans-following-separationdivorce-developmental

- *Crianza compartida con un narcisista: consejos para que funcione* https://www.healthline.com/health/parenting/co-parenting-with-a-narcissist

- *Cómo convertir tu divorcio en una oportunidad de crecimiento personal* https://www.itsovereasy.com/insights/how-to-turn-your-divorce-into-an-opportunity-for-personal-growth

- *Crear una relación de coparentalidad positiva después del divorcio* https://www.collinsfamilylaw.com/blog/2024/february/creating-a-positive-co-parenting-relationship-af/

- *Consejos para familias mixtas y padrastros* https://www.helpguide.org/articles/parenting-family/step-parenting-blended-families.htm

- *Cómo proteger a su hijo de un padre narcisista* https://farzadlaw.com/divorcing-a-narcissist/how-protect-child-narcissistic-father-mother

- *Crianza compartida con un narcisista: consejos para que funcione* https://www.healthline.com/health/parenting/co-parenting-with-a-narcissist

- *Familias multiculturales: Transitando los desafíos de los padres y...* https://www.goldenparent.com/golden-parent-blog/multicultural-family-parenting

- *Lo que las familias multiculturales pueden enseñar a los niños sobre el carácter* https://greatergood.berkeley.edu/article/item/what_multicultural_families_can_teach_kids_about_character

- *Diez formas de hablar con alguien con tendencias narcisistas* https://psychcentral.com/disorders/how-to-talk-to-someone-with-narcissistic-tendencies

- *5 consejos para coparentar con un narcisista - Medical News Today* https://www.medicalnewstoday.com/articles/co-parenting-with-a-narcissist#:~:text=Set%20boundaries&text=discussing%20anything%20regarding%20niño%20cuidado,personal%20contra%20ellos%20en%20futuro

- *Cómo la crianza narcisista puede afectar a los niños* https://www.psychologytoday.com/us/blog/the-legacy-of-distorted-love/201802/how-narcissistic-parenting-can-affect-children

- *¿Qué es un plan de crianza paralelo? Y cómo crear uno* https://www.verywellfamily.com/what-is-a-parallel-parenting-plan-and-how-to-make-one-5208661

- *9 señales de una madre narcisista encubierta - Parenting For Brain* https://www.parentingforbrain.com/covert-narcissist-mother/

- *Cómo combatir el acoso por parte de tu co-padre | TalkingParents* https://talkingparents.com/blog/combating-harassment-from-co-parent

- *Plan de gestión de crisis: apoyo a niños y jóvenes...* https://www.pacer.org/webinars/cmh/Crisis-Management-Plan.pdf

- *Las mejores aplicaciones de crianza compartida de 2024* https://www.thebump.com/a/co-parenting-apps

- *La tecnología podría cambiar las reglas del juego en la resolución del derecho de familia...* https://www.canadianlawyermag.com/practice-areas/family/technology-could-be-a-game-changer-in-settling-family-law- disputas-foro-innovación-los-asistentes-escuchan/375250

- *¿Deberías llevar a tu padre narcisista a terapia familiar?* https://www.psychologytoday.com/us/blog/the-legacy-distorted-love/202203/should-you-take-your-narcissistic-parent-family-therapy

- *Cómo encontrar un grupo de apoyo para el abuso narcisista* https://www.verywellmind.com/how-to-find-a-narcissistic-abuse-support-group-5271477

Made in the USA
Columbia, SC
09 January 2025

35df60a6-a926-4148-bffe-44aa051e9043R01